大学生教育管理的
创新与实践研究

卞瑞姣　颜永杰　王志刚　著

经济日报出版社

图书在版编目(CIP)数据

大学生教育管理的创新与实践研究/卞瑞姣,颜永
杰,王志刚著. --北京 : 经济日报出版社,2024.5
ISBN 978-7-5196-1442-3

Ⅰ. ①大... Ⅱ. ①卞...②颜...③王... Ⅲ. ①大学生
－教育管理－研究 Ⅳ. ①G647

中国国家版本馆 CIP 数据核字(2023)第 257290 号

大学生教育管理的创新与实践研究

作　　者	卞瑞姣　颜永杰　王志刚
责任编辑	陈　悦
责任校对	徐建华
出版发行	经济日报出版社
地　　址	北京市西城区白纸坊东街 2 号 A 座综合楼 710(邮政编码:100054)
电　　话	010－63567684(总编室)
	010－63584556(财经编辑部)
	010－63567687(企业与企业家史编辑部)
	010－63567683(经济与管理学术编辑部)
	010－63538621 63567692(发行部)
网　　址	www.edpbook.com.cn
E-mail	edpbook@126.com
经　　销	全国新华书店
印　　刷	北京九州迅驰传媒文化有限公司
开　　本	787 * 1092 毫米 1/16
印　　张	11.25
字　　数	152 千字
版　　次	2025 年 1 月第 1 版
印　　次	2025 年 1 月第 1 次印刷
书　　号	ISBN 978-7-5196-1442-3
定　　价	58.00 元

前 言

　　随着党和政府对教育事业的高度重视和投入的加大，高等教育得到了快速发展。目前，我国已成为世界上高等教育在学人数最多的国家。如何树立以提高质量为核心的高等教育发展观，全面提高高校人才培养质量、科学研究水平、社会服务能力和文化传承创新能力；如何树立与高等教育大众化相适应的高等教育质量观、实施重大发展项目，既着力培养拔尖创新人才，又大量培养应用型、复合型、技能型人才；如何提高高等教育国际化水平、提高高等教育管理水平，带动高等教育质量全面提高等诸多新情况、新问题为新形势下高等教育发展提出了新挑战。

　　由于大学生是高校开展教育管理的主要对象，而且大学生教育管理的现状对于高校能否紧跟时代步伐有着重要的影响，并影响着高校能否在推动高等教育发展方面发挥重要作用。因此，高校在开展大学生教育管理时，必须严格贯彻与落实"一切以学生为中心"的教育管理理念，准确把握大学生的思想与行为特点，继而创造性地开展工作，以便提高教育管理工作的针对性和实效性。

　　本书主要围绕高校大学生教育管理的相关理论与实践展开，具体针对高校大学生教育管理的理论基础、管理体制、心理健康教育管理、廉洁教育管理、创新创业教育管理、新时代大学生教育管理策略方面进行阐述与探讨，力求为教育与教学管理者提供一种新的思考路径。本书适合教育教学管理人员阅读，也可供教育与教学政策相关研究人员参考。

　　笔者在撰写本书的过程中，参考了大学生教育管理方面的相关著作，也对国内外大量的研究成果进行了参阅、吸收和采纳，由此获得了丰富的研究资源。在此，向这些学者致以诚挚的谢意。本书难免存在一些不足之处，恳请广大读者批评指正。

目 录

第一章

高校大学生教育管理的理论基础

第一节 高校大学生及其管理者

一、高校大学生的认知

（一）我国对高校大学生培养的统一要求

第一，热爱祖国，拥护中国共产党的领导，愿为社会主义现代化建设服务，为人民服务，有为国家富强、民族昌盛而奋斗的志向和责任感；具有良好的思想品德、社会公德和职业道德；具有敬业爱岗、艰苦奋斗、热爱劳动、遵纪守法、团结合作的品质。

第二，掌握本专业的基础知识、基本理论、基本技能；具有一定的从事本专业业务工作的能力和适应相邻专业业务工作的基本能力和素质；具有一定的人文社会和自然科学基本理论知识；具有独立获得知识、提出问题、分析问题和解决问题的基本能力及开拓创新的精神。

第三，具有一定的体育和军事基本知识，掌握科学锻炼身体的基本技能，养成良好的体育锻炼和卫生习惯；接受必要的军事训练，达到国家规定的大学生体育和军事训练合格标准；具备健全的心理和健康的体魄，能够履行建设祖国和保卫祖国的神圣义务。

（二）高校大学生培养目标与教学过程

1. 专科生培养目标与教学过程

专科学校主要培养高等技术实用型、应用型的专门人才，学制一般

2～3年。专科生具有一定的科学文化知识和专业知识，具备较扎实的专业技能、动手能力和实践能力，能把理论应用到解决实际问题中，且职业适应能力强，具备进入劳动力市场所需的资格和能力。

专科生的教学过程通常分为五个环节：①构建全面的知识体系。专科教育更强调应用，毕业生应具有适度的基础理论知识、较强的技术应用能力、较宽的知识面。②培养适合就业的发展方向。培养学生具有爱岗敬业、踏实肯干、谦虚好学和与人合作的精神，安心在生产、建设、管理和服务的第一线工作。③突出基础理论知识的应用。基础理论教学以应用为目的，以必需、够用为度。④专业课针对性和应用性强。强化针对性和应用性，以学习掌握常规的知识为主，解释常规的过程、结构、原理、应用特点、分析等。⑤实践环节。实践环节工作是整个教学过程的重要组成部分，旨在培养学生的创新意识和实践能力，是实现应用型人才培养目标的重要教学环节。

这些实践性教学环节的落实和完成，是全面实施教学计划的关键，是帮助学生培养综合运用所学理论知识，提高分析和解决实际问题能力的重要途径。教学实习可让学生对某一专业技能岗位实行跟班顶岗，突出基本实践能力与操作技能、专业技术应用能力与专业技能、综合实践能力与综合技能的有机结合。

2. 本科生培养目标与教学过程

本科学校主要培养复合型人才。本科生既具有一般的人文、社会和自然科学知识，又具有多种能力和发展潜能，能在本学科专业或相关学科专业内多方位地开展工作，有较强的适应能力和较全面的综合素质。

本科学生的基本规格和质量标准是掌握本学科、专业必需的基础理论、基本知识，掌握本专业必需的基本技能、方法和相关知识，具有从事本专业实际工作和研究工作的初步能力。本科学制一般为4～5年，与本科教育相应的学位是"学士"。学生完成其学业并经考核合格后，一般被授予"学士"学位证书。

本科生的教学过程主要分为五个环节：①构建完整的理论知识体

系。本科教育注重的是理论的系统性与完整性，注重培养学生揭示和解释现象规律的能力。②培养适合科研的发展方向。培养的目标是研究开发型人才，使他们当中一部分成为硕士、博士研究生的后备人才，另一部分面向第一线，成为专业性的复合型人才。③基础理论结合科学思维。在掌握基础理论的同时，培养学生严密、科学的思维方法。本科生的基础理论应循序渐进，有广度亦有一定深度。④专业课突出理论学习。专业课的学习是为了掌握学科专业知识，学习专业课重要的目的是掌握基础理论的应用。学生应学会用基础理论来解释专业课中出现的一些现象，揭示其内在的规律，养成良好的、科学的思维方式，善于用理论联系实际解决问题。⑤实践环节。课程理论教学过程中的实践环节，其形式有课程实验、实习和社会调查等。集中实践性教学环节的形式有课程设计、社会调查、各类实习、毕业作业（论文）等。因此，实践教学是理论联系实际的"切入点"，是理论过渡到实践的桥梁。根据"实践教学一条线"的教改思路，统筹考虑各实践环节，逐步形成一个科学的、系统的、操作性强的实践教学培养体系，努力提高实践教学质量。

二、高校大学生管理者的认知

高校学生管理者，就是对学生日常思想教育和管理负有直接责任的人。一般包括系（院）专职党委（总支）副书记、专职分团委（总支）书记，专兼职政治辅导员、班主任（导师），行政办公室有关干部；校（院）专职分管学生工作的副书记（副院/校长），党委学生工作部（处）、团委、研究生部（处）、招生就业处全体干部以及党委宣传部（如网络管理科）、教务处（如学籍管理科）、后勤管理中心（如学生公寓管理科）等部门中直接面对学生的专职干部或教师。

事实上，校（院）的几乎所有党委部门和绝大多数行政部门都有有关学生和学生事务的专项职能或工作内容。

（一）高校大学生管理者的角色定位

高校学生管理者的中心工作是对学生进行思想政治教育和日常管

理，但其工作内容和方式方法明显不同于一般的任课教师，其职责也不同于一般的任课教师。他们的基本职责包括学生的思想政治教育、品德教育、形势政策教育、学生党建和团建、评奖评优、学生集体和组织管理、心理健康的咨询与辅导以及违纪处理等。高校学生管理者是以思想政治教育为主线，寓教育于学生党建和团建，日常教育管理与服务以及指导组织丰富多彩的课外活动、社团活动、社会实践活动中。

高校学生管理者承担着重要的学生管理、服务工作，但不是学生各方面服务工作的协调员。他们要关心学生的学习、生活和工作，并为改善学生的学习、生活和教育条件向学校提出有益的意见和建议，同时要做好落实国家资助贫困生的各项政策，为学生成长成才指导、公共安全应对指导、就业指导服务等。

在现实生活中，高校学生管理者通常并不只扮演一种角色，而是要同时扮演多种角色，这是由其工作性质、任务等决定的。

1. 大学生管理工作者要充当教师的角色

在高等学校中，学生管理工作者要充当一名教师的角色，承担"传道、授业、解惑"的职责。

首先，学生管理工作者要承担思想政治教育的重要责任，因此他们当中大多数同时是思想品德与法律课教师或就业指导课教师。

其次，学生管理工作者除了承担思想政治教育的教学任务外，还要具体负责组织开展以党团员为核心，以党团支部，以班级或年级专业为阵地的形势政策教育和党团建设，采用党课、团课、知识竞赛等多种形式，使大学生了解党和国家的路线、方针政策，树立正确的世界观、人生观和价值观，明确当代大学生所肩负的历史责任，使他们心中产生为振兴中华民族而发奋学习的斗志和勇气，产生为祖国、为真理、为建设中国特色社会主义献身的神圣愿望。

再次，他们要对学生的学习态度、学习方法进行指导。大学生的专业学习非常重要，高校学生管理者要指导帮助学生端正学习态度，确立专业思想，并有针对性地做好对学生的学习指导工作，通过专题讲座、经验交流、个别指导、亲自示范等形式，使学生明确学习目的，树立远大理想，使学生真正体会科学与知识的力量，并掌握科学的学习方法和学习规律。

最后，要努力发掘学生的潜力。在指导帮助学生学好专业知识的同时，高校学生管理者还要努力通过第二课堂，即社会实践活动，发现、发掘人才，使学生接受全面的锻炼。例如通过举办科技竞赛、社团活动、兴趣小组、文体活动等，为学生提供一个展现自我、展现才华的平台并丰富学生的课余生活，推动学生健康成才。

高校学生管理者作为教师的一员，本身的思想道德素质、知识能力素质、心理品格素质以及工作作风等，对学生的影响极大。一个品行端正、办事公道、心地善良、知识渊博的教师，才会赢得学生发自内心的拥戴。因此，充当教师这一角色的学生管理工作者只有严格要求自己，才能真正影响学生、管理学生、为学生提供服务和指导。

2. 大学生管理工作者是日常事务管理者

高校学生管理者的另一个重要角色是学生日常事务的管理者，他们要运用一定的原理和方法、手段，通过一系列特定的管理行为和方式，维护学校的正常秩序并促进学生的全面健康发展。一方面用相应的条文，对学生的思想和行为进行倡导和制约，在形式和方法上认真制定、完善并严格执行有关规定、制度、章程、纪律和守则；另一方面表扬先进，批评后进，奖励优秀，处罚违纪。

3. 大学生管理工作者的学者角色

高校学生管理者还有一个重要的角色，就是学者，即在学生工作领域内，对学生工作的特点、任务、方法和专业知识有较深的研究，并能有效地指导、组织学生开展工作，科学地探索学生工作新规律、新思路、新方法的人。

学生管理工作者同时也是学者体现在四个方面：①高校学生管理者要研究青年学生的生理、心理特征，知识、能力结构，兴趣爱好及社会氛围对他们的影响，掌握他们的思想变化及教育管理的规律。②高校学生管理者要探索解决学生工作中深层次的问题。高等学校的学生是一个文化程度高（从专科生到研究生）、个性多样、思想活跃、年龄跨度大、情况复杂的群体。在这个群体中，存在着诸如价值取向、心理健康、恋爱、家庭、学习指导、法治教育、贫困生、党团建设等一系列问题。这些都要求高校学生管理者必须具有较高而且全面的知识水平以及驾驭和解决这些问题的能力，其必须大量地涉猎多方面的书籍、资料，深入地思考、探索、分析各式各样的问题。③高校学生管理者要研究学生管理的机制、一般管理的原则、方法，以及学生在学习、生活、课外活动、思想教育中的具体管理目标、政策、法规等；同时要研究管理者本身必备的思想、文化、理论和业务素质，以及这些素质的培养和管理队伍的建设。④高校学生管理者要对自己工作的对象及工作开展深入的研究探讨和创新。创新包括制度创新、技术创新、教育创新以及管理创新。当前高等教育为了应对知识经济的挑战和国际的竞争，全面推行了以培养创新意识和创新能力为核心，以素质教育为主要内容的教学改革，如何调整教学目标、改进教学方法、优化教学方案、锻炼和培养学生的创新能力，成为摆在所有学生管理工作者面前的一道难题。

（二）高校大学生管理者的职责范围

1. 对大学生进行教育指导

高校学生管理者的基本职责之一是对大学生进行教育指导，高校学生管理者主要侧重对大学生思想和行为的引导。

通常高校学生管理者要完成的教育有政治思想教育、专业思想教育、职业生涯教育、心理健康教育、党团知识教育、安全教育、组织协调能力的教育与培养等。如具体指导新生如何适应大学生活，根据学生的特点和志向指导学生制定个人的学习计划；关心学生的思想进步，帮助学生树立正确的世界观、人生观和价值观；指导并组织各级学生会、社团、共青团以及党组织的组建、换届工作；指导学生做好职业生涯规划；指导学生参加就业等。

2．对大学生进行管理服务

一般而言，高校学生管理者具体的管理服务工作有七个方面：①学生日常管理。如学生日常事务工作、学生违纪处理、学生突发事件处理、学生奖励评审、学生助学贷款管理、各类学生工作会议。②学风建设工作。如学习经验交流、各类科技竞赛活动、学习互助活动。③学生基本资料管理工作。如学生党团档案管理，助学金、奖学金、奖惩统计，特困生档案管理，计划、总结材料管理，就业资料管理。④社会实践、文娱、体育、卫生等活动的管理。⑤生活服务工作。如新生咨询、心理指导。⑥助困服务。如助学贷款服务、勤工助学服务、评发特困生补助。⑦就业指导服务。如举办就业指导讲座，举办各类招聘会。

需要强调的是，高校学生管理者必须从根本上认识到对学生的管理，最终目的在于提高学生自我管理和自我教育的能力，实质在于帮助学生学会自己管理自己。只有这样，才能极大地挖掘学生的内在潜力，更快更好地实现教育管理的目标。还有如何进行学生管理模式的创新，从而节约资源、优化配置、发挥最大的管理功效，也是高校学生管理者不应忽视的问题。

3．提高大学生的整体素质

近年来，大学毕业生中的学生党员和学生干部总是用人单位的首选对象，其重要原因就是用人单位看重毕业生的组织管理能力。虽然学生毕业后不可能都走上领导岗位，从事人事管理工作，但每个人在将来的工作中都会不同程度地运用到组织管理才能，这是现代社会对人才提出的新要求。培养学生的管理素质，能够增强学生的责任心、自信心、参与意识和自强意识，以及创造力和竞争意识，这是社会发展的需要，是国家进步的保障。

要达成这样的目标和要求，最需要的就是学校管理素质教育的有效实施。学校应该为学生营造一定的管理氛围，搭建竞争、实践的平台，建立一定的管理机制，采用适当的方法锻炼、提高学生从事管理工作的计划、组织、指挥、协调和控制等能力，并通过学生参与学校、班级、部门的管理过程，增强其领导才能和管理素质。学校提高管理素质的具体措施如下所示。

（1）联系实际进行教学

管理科学是一门非常实际的科学，学校一定要注意宏观上的把握，指导教师联系实际进行教学。这主要分为三个方面：一是联系国家的实际；二是结合行业的特点；三是注意自身的文化特点。

（2）切实提高教学水平

学校一定要注意提高管理素质教育的水平，在制订教学计划时，认真执行三个结合：一是管理的尝试和管理的方法论相结合；二是定量和定性的方法相结合；三是经验和文化相结合。

（3）实行学生干部竞争上岗

学校应在学生干部（包括学生会干部）的选拔使用上采取学生干部竞争上岗制度。此制度由辅导员教师公布竞选职位，由学生自愿报名参加，由系领导、教师及学生代表组成评委小组。评委小组通过听取学生的竞争演讲，根据学生的工作设想、工作思路、工作措施、表达能力等进行综合评分，最后根据学生的得分及综合情况确定干部人选。学校要为每一位学生提供平等竞争的机会，让学生充分展示自我，这样有利于提高学生的综合素质，激发学生参与管理的积极性，培养学生的管理能力。

（4）实行学生干部轮换制

为使管理素质的培养与提高落实到每位学生身上，学校可以在学生干部竞争上岗的基础上，实行学生干部轮换制，将全体学生推到管理的主体位置上，让每一位学生都能参与班级管理。

（5）学习先进经验

学校应加强和著名管理学校、知名企业的合作，把优秀的教师和管理者请到校园中，用先进的文化和经验培养学生的管理素质，或者让学生走出校园，亲身体验管理的特点和方法，从而汲取最佳的管理"营养"。

4. 开展科学的研究与开发

高校学生管理是一项教育工作，具有教育科学的规律；也是一项具体的管理工作，具有管理科学的规律。因此，高校学生管理是高等教育学和管理学交叉产生的一门综合性应用学科。它同所有的管理科学一样，研究的主题是效率，即大学生管理最有效地达到大学生的培养目标。

随着社会的不断发展，高校学生管理者面临的问题也日益多样化、复杂化。他们在日常工作中会不断遇到各种新情况、新问题。因此，高校学生管理者的重要职责之一，就是不断地研究、思考、探索自己工作对象的思想动态、心理问题和喜怒哀乐，探索新形势下学生思想教育和管理工作的规律、特点以及解决问题的方法。

此外，高校学生管理者还应当讲究育人的艺术，注意开发各类学生的兴趣、爱好，根据学生的特长和需要，开展形式多样、丰富多彩的校园文化活动和社会实践活动，营造良好的育人环境，促进学生全面、健康的成长。

第二节 高校大学生管理的本质与特点

一、高校大学生管理的本质

高校学生管理属于高等学校管理的一部分，具有管理的一般本质，其又是高等学校人才培养工作的重要环节，有其特殊的本质。

（一）高校学生管理的社会组织具有特定性

实际上，社会组织中协调组织成员的相互关系和个人活动具有必要性，这是管理活动的根源，所有的管理活动都要在一定的社会组织中进行。高等学校是特定的社会组织，是系统培养专门人才的组织，其首要任务就是教育和培养大学生，所以高校学生管理是高等学校的特殊管理活动，其目的就在于实现高等学校的任务。

（二）高校学生管理的目的与高等学校的任务一致

管理活动一定有其目的，实现一定社会组织的某种预定目标就是管理的目的。管理是实现目标的必要途径，世界上既不存在无目标的管理，也不可能实现无管理的目标。高校学生管理是高等学校人才培养工作的环节之一，其目标与学校在人才培养方面的预定目标相统一，即培养人才，使大学生全面发展，富有创新精神和实践能力，能够更好地建设中国特色社会主义事业。

（三）高校学生管理的本质是合理配置学校的各种资源

高校学生管理的任务主要是科学决策、计划、组织和控制学校的各种资源，有效地利用人力、物力、财力、时间和信息指导与服务大学生，使其能够顺利完成学业、健康成长成才，具体包括三个方面：一是引导大学生行为和大学生群体；二是资助家庭经济困难的学生；三是提供就业服务帮助，毕业生就业等。

高校学生管理内涵是高等学校以实现人才培养、大学生全面发展为目标，通过决策、计划、组织和控制等方式，有效地利用人、财、物、时间、信息等资源，指导和服务大学生成长成才的一系列社会活动过程。

二、高校大学生管理的特点

（一）价值导向鲜明

我国的政体是人民民主专政的社会主义国家，我国高等学校的目的是培养为社会主义建设服务的专门人才。所以，我国高校学生管理一定要坚持价值导向的引导，也就是要求学生坚持社会主义思想。高校学生管理的价值导向具体体现在以下三个方面。

1. 目标管理

人类实践活动的基本特征之一就是目的性。人的实践活动基于一定的需要，对实践对象的属性及变化趋势有着一定的认识和判断，这就是目标管理目的，体现着其价值观念。同理，高校学生管理也有目的性。价值观念和价值追求贯穿高校学生管理的整个过程，都是基于一定的价值观念确定和设计的，都贯穿和体现着一定的价值观念和价值追求。所以，高校学生管理的价值导向既引导、激励和评价着大学生的日常行为，引导、激励和评价着管理者的管理行为，又引导和促进大学生形成积极正确的价值观。

2. 理念管理

高校学生管理理念是社会价值体系的体现，指导着高等学校学生管理的思想、原则、方法。高校学生管理中往往贯彻和体现了社会先进的价值观。

3. 制度管理

有效的高校学生管理拥有科学而又严密的规章制度，规章制度的设计和执行标志着高校学生管理规范化、制度化和法治化，也是高校学生管理规范化、制度化和法治化的基本保证。而管理规章制度是人们制订出来的，制订的人受一定的价值观念影响，制订出的制度也就具有一定的价值导向，具体表现是，大学生明确需要做的事情与不能做的事情，哪些行为受到鼓励和提倡，哪些行为被反对和禁止，怎样的行为和表现会被奖励，怎样的行为和表现会被惩罚等。高校学生管理制度中的这些规定无不体现着鲜明的价值导向。

（二）教育功能突出

由于高等学校人才培养工作的重要部分就是高校学生管理，所以高校学生管理具有管理和教育双重属性，且更偏重教育功能。

1. 高校学生管理目标服务于大学生教育目标

高校学生管理作为高校为达成目标而实施的特殊管理活动，其目标必然与高校的目标相一致，且服从和服务于高校的目标。高校的目标就是实现大学生教育目标，促进学生圆满完成大学学业，即大学生跨进大学之门的目的就是接受大学教育。所以高校学生管理的目标必须为大学生教育的目标服务。

2. 教育方法在高校学生管理方法体系中具有突出的作用

教育方法是包括高校学生管理在内的现代管理活动中最经常最广泛

使用的一种基本手段。这是因为一切管理活动都离不开人，而人是有思想的，人的活动总是由一定的思想意识支配的。任何管理活动都要坚持思想领先的原则，注意做好人的思想工作，通过影响人的思想去引导和制约人们的活动。而高校学生管理作为大学生教育和培养工作系统中的一个重要组成部分，也就必然更加注重运用教育的手段，以增强高校学生管理的实效性。

3. 高校学生管理过程就是教育大学生的过程

高等学校的工作核心就是教育和培养专门人才，所以一切工作都要围绕教育学生来展开，都应该对大学生有良好的教育和影响作用。而高校学生管理的理念是以人为本、民主法制、公正和谐，采用的管理方法是民主管理、依法管理、科学管理，其遵循教育规律和管理规律，遵循从学校和学生的实际出发，实事求是的科学精神和哲学规律，潜移默化地影响着学生。例如，高校学生管理过程为促进大学生成长成才而制定了各项规章制度，这些制度会引导大学生思想，激励大学生前进，规范大学生行为。另外，高校学生管理人员的情感、态度和言行也会影响大学生，是大学生的表率和示范。由此可见，高校学生管理的过程就是大学生教育的过程，直接关系着大学生思想品德的形成与发展。

（三）系统工程复杂

管理活动具有整体性、层次性、动态性和开放性，作为系统工程的高校学生管理同样具有这些特点，同时高校学生管理又是特殊复杂的，所以高校学生管理是很复杂的系统工程，这一特点主要体现在以下三个方面。

1. 任务复杂

高校学生管理一方面要以大学生学习为中心任务，管理和引导学生学习行为和实践活动，另一方面要关注大学生的健康成长，管理和引导学生的日常行为，包括交往行为、消费行为、网络行为等，还要做到及时发现、校正和妥善处理学生的异常行为；一方面要管理和引导大学生现实群体，包括学生班级、学生党团组织、学生社团和学生生活园区，另一方面不能忽视以网络为平台形成的虚拟群体的管理和引导；一方面要加强校园内的安全管理和引导，另一方面要指导和督促大学生在校外的安全；一方面为调动学生的学习积极性，要面向全体学生做好奖学金评定工作，另一方面要资助好家庭经济困难学生，帮助其顺利完成学业；一方面要引导新生制定科学的职业生涯规划，帮助其明确努力的目标，另一方面要为毕业生提供就业、创业指导和服务，使其找到合适的岗位，能够充分实现自我价值。由此可以看出，在大学生专业学习和日常生活的每个环节，都有高校学生管理的任务，也就是说高校学生管理贯穿于大学生培养工作的全过程，任务繁多、复杂、艰巨。

2. 高校学生个体特征复杂

高校学生管理的对象是大学生，而大学生人数众多，又个性鲜明，具有很大的差异性，管理起来具有复杂性。他们有各自的生活条件和生活经历，所以即使是同一个年级、同一个专业、同一个班级，也会有着不同的精神世界和思想感情，包括气质、性格、兴趣、爱好和习惯等，使得学生的思想行为也有着不同的特点，运用管理的方式也应因人而异。

3. 大学生成长受到复杂的多种因素影响

促进大学生健康成长是高校学生管理的根本目的，但是影响大学生成长的却不只有高校管理一项因素，所有与大学生的学习、生活、活动和交往有关的环境因素，都会影响大学生的成长。所以，大学生的成长还受复杂的外部环境因素影响。

在进行高校学生管理时，管理者要善于正确地指导大学生的学习和生活，正确认识和有效调控各种环境因素，使其尽可能对大学生产生积极影响，对其消极影响防止、抵御和转化。因此，这项工作十分复杂。

（四）管理的专业性极强

高校学生管理是经验性的事务型工作，而高校学生管理对象和内在规律的特殊性及其特有的方法体系逐渐被认识，决定了其必须形成高校学生管理专业视角、使用专业方法、形成专业研究模式。现在的高校学生管理工作专业性极强主要体现在以下三点。

1. 高校学生管理的内在规律特殊

高校学生管理自身具有特殊的矛盾，就是以社会对专门人才的需要为参照标准，对大学生的行为要求与大学生实际行为情况之间的矛盾。这一矛盾存在于一切学生管理活动，存在于一切学生管理过程，是高校学生管理全局的决定因素。这一矛盾既是高校学生管理的基本矛盾，又是高校学生管理的特殊矛盾，使之与其他社会实践活动有所区别。为解决这一矛盾而开展的特殊社会实践活动就是高校学生管理。高校管理具有管理和教育的双重属性，所以高校学生管理既要遵循管理的一般规律，又要不同于其他管理活动；既要遵循教育的一般规律，又要区别于其他教育活动。这就需要专门探索和研究高校学生管理的特殊规律，揭示这种规律是高校学生管理理论研究的任务。

2. 高校学生管理的管理对象特殊

大学生是高校学生管理的对象，有着与一般管理对象不同的显著特点。

（1）大学生自觉能动性强

大学生的特点是自主意识强、独立意向突出、智力发展水平高，且多崇尚独立思考，希望自主自治。在高校学生管理过程中，大学生具有管理对象和积极活动主体的双重身份。对于管理的要求和规章，以及管理者施加的指导和督促，他们总要经过自己的思考，作出自己的评价、选择和反应。而且，他们会主动地参与管理活动并自觉地接受管理，甚至达到自我管理。所以在高校学生管理中，激发和引导大学生的自觉能动性是一项很重要的工作，要充分将他们引导到高校学生管理的目标上来，使他们的需求和高校学生管理的要求相一致，使其能够主动接受管理，并且积极进行自我管理。

（2）大学生处于成长和发展关键时期

大学生既不同于少年儿童，又区别于成人，正处于世界观、人生观和价值观形成的时期，在思考、探索和选择过程中，逐渐形成正确的世界观、人生观以及价值观。大学生心理日趋成熟但没有完全成熟，智力发展迅速，情感丰富，有很强的自我意识，同时心理矛盾较大，例如理智与情绪的矛盾、自我期望与自身能力的矛盾等。他们的思想活动具有显著的独立性、敏感性、多变性、差异性和矛盾性。大学生处于即将走上社会、进入职场、全面参与社会劳动实践的关键时期，有着巨大的发展潜力，各个方面蕴藏着极大的可能。所以高校学生管理要针对大学生的特点，切实增加大学生指导和服务的力度和科学性，促进大学生健康成长，使其身心良好发展。

（3）大学生的主要任务是学习，并能够在教师的指导下进行自主学习

学习是大学生的首要任务，大学生的学习是在教师指导下，遵守特定的制度和规定，有目的、有计划、有组织地进行。大学生学习有很强的自主性，可以在学校的有关规定下自主地选修课程，也有大量自主支配的课外学习时间。对于大学生的学习来说，科学的学习方法很重要，高度的学习自觉性和有效的自我管理也同样重要。所以，高校学生管理要以大学生的学习任务为中心，加强指导和管理大学生学习行为。

3．高校学生管理有独特的方法体系

高校学生管理对象和管理规律的特殊性，决定了高校学生管理的方法体系的独特性。高校学生管理工作涉及面广，综合性强，所以需要管理学、教育学、心理学、社会学等多方面的理论、方法和技术作为其方法体系的基础。但高校学生管理的方法体系又不是这些学科方法和技术的简单拼凑和机械相加，而是需要在系统掌握这些学科理论、方法和技术的基础上，针对高校学生管理的特定对象，根据高校学生管理的特殊规律和实际，有机、综合地加以运用，形成自己特有的方法体系。

第三节　高校大学生管理的原则与技巧

一、高校大学生管理的原则

（一）自主性原则

大学生只有自主参与并配合管理，管理者的管理工作才能够顺利完

成，坚持自主性选择实质上是指让大学生切切实实地参与管理，不断激发学生的主观能动性并且培养学生的创新能力，最终实现自主管理。大学生管理遵循自主性原则，是由两方面决定的。一方面有利于育人目标的实现。管理的目标是育人，这就要求将外在的行为规范转化为内在的思想观念，从而支配管理对象的行为。学生如果不能参与其中，就很难充分发挥主观能动性，学生管理工作就很难继续开展，实效性会降低。另一方面有利于满足学生自主管理的现实需求。改革开放以来，我国经济飞速发展，人们的生活水平不断提高，社会主义制度日益完善，教育改革和教育管理已经成为当今热议的话题。现代化社会伴随着各类信息的高效传达，绝大多数高校在读大学生已经受到了传统市场经济的影响，在日常的学习生活中，自主管理意识不断增强，个人管理能力不断提升。

对于高校而言，坚持自主性原则可以从以下三个方面着手。

1. 为学生创造全新的管理平台

此管理平台可以由班长、学习委员、团支书、辅导员共同携手打造，为学生营造良好的管理氛围，这样不仅可以大幅增强班级凝聚力，还可以充分调动学生管理的积极性。这种全新的管理模式可以使学生切实地参与其中，进而达到预期的管理效果，让学生能够真正实现自我约束与管理。

2. 树立学生的管理意识，增强学生的管理能力

高校只有为学生不断创造良好的学习与生活氛围，学生才能够更快适应并遵守学校的规章制度，进而强化自我管理的能力。

3. 学校应当重视对学生自主管理的教育工作

所谓的学生自主管理，并不是完全摆脱学校规章制度的束缚，而是学校更加重视对于自主管理的教育，使学生自主管理达到最佳的效果。

（二）方向性原则

高校学生管理坚持方向性原则，涉及培养什么人、如何培养人的根本性问题。高校学生管理是高校办学的重要方面，是学校育人环节的重

要环节，社会主义大学的主要目标是培养合格的社会主义事业建设者和可靠接班人，高校学生管理工作直接影响这一目标的实现。

在大学生管理过程中，坚持方向性原则显得至关重要。此原则不仅能为高校指明教学方向，还能够起到很好地调节高校运行的作用。坚持方向性原则，就是要求高校在确立管理目标时一定要遵循教育教学方针以及法律法规。此原则也是高校管理过程中的一项基本原则，高校只有始终坚持此原则才能够朝更好的方向发展，才能够在学生管理方面取得显著成效。坚持方向性原则不仅是社会发展的需要，更是多年实践所得出的结论。

1. 加强管理者的政治意识

在管理高校学生的过程中，始终将确立学生管理的政治方向作为首要任务，管理学生的过程实质上就是服务社会、服务阶级的过程，因此坚持方向性原则很有必要。在不同时代背景以及社会发展情况不同的高校，学生管理所采取的方式方法、教育教学理念均存在较大差异。从整体上分析，目前在高校学生管理过程中，高校对于学生的政治方向以及情感价值取向并不是非常重视，这样的管理严重缺乏方向性。因此，增强管理者的政治意识对于高校坚持方向性原则而言十分重要，只有管理者具备优秀的政治意识，才能够将其渗透进教学，进而使管理更具有方向性。将政治意识带入教学活动、校园生活中，能够不断培养大学生的政治意识，最终帮助大学生投身于国家建设之中。

2. 以制度合法性体现管理的政治导向性

坚持中国共产党的领导，贯彻落实党的方针路线，是坚持方向性原则需要迈出的第一步，也是坚持方向性原则的前提与基础。各大高校所制定的各项制度均遵循党的方针政策，因此高校制度本身就具有一定的导向作用。高校制定学生管理制度，必须在法律法规允许的范围内进行，与法律法规保持高度一致。以制度的合法性体现管理的政治导向性在高校在学生管理方面显得至关重要，坚持方向性原则要运用到实践中，逐步引导学生形成符合社会发展的政治意识。

3. 按时代需求调整管理目标

培养学生的政治意义以及价值取向并不是高校管理的全部目标，高校还需要按照社会发展的需要及时对管理目标作出一定的调整，最终培养出为人民、国家服务的人才。在不同时代背景下，国家所面临的形势存在较大的差异，不断调整教育管理目标十分关键。目前，发展是社会的主旋律，坚持以经济建设为中心的发展理念始终不变，高校在调整高校管理目标时要以国家当前形势为主线。

（三）发展性原则

坚持发展性原则主要涉及两方面的内容：其一，促进学生全方位、多角度发展；其二，管理工作不能停歇，要不断更新与发展。社会正在飞速发展，政治经济以及社会文化都在发生着翻天覆地的改变，外界环境的变化对于高校管理影响重大，高校的管理制度要想紧跟时代步伐并且适应社会的发展，就必须深化改革，完善与调整管理制度。

1. 树立发展意识

思想决定发展方向，树立并具备一定的发展意识有助于形成优秀的管理模式。在传统的管理模式中，管理者不能与学生建立友好的管理关系，总是想掌控学生，将管住学生作为管理的首要任务。但是从管理效果来看，传统的管理模式会让学生更容易产生消极情绪并且对学生的发展而言，几乎没有促进作用。随着社会的不断进步，管理模式的改革与创新显得尤为重要，这就要求我们坚持发展性原则并且将促进学生全面发展作为管理的第一要务。发展观念的转变必须结合社会的发展，满足社会的需求，以新的发展观念指导管理决策，设计管理计划，谋划学生的全面发展。

2. 推动管理创新

推动管理创新是指通过管理促进学生全面发展，进而实现最佳的管理效果。发展的过程实质上就是不断创新的过程，推动管理创新，才能够紧跟时代步伐。创新是当今社会的主旋律，学生管理制度的不断创新，无论是对于管理者还是学生而言，都将是一场全新的挑战，要求不断提升学生的能力，促进学生全方位发展。当今社会正在飞速发展，政治、经济以及文化都在发生着日新月异的变化，为了使大学生能够不被社会淘汰并且能够适应社会发展，保持原有的管理制度远远不够，而推动管理创新在当今社会就显得格外重要。只有推动管理不断创新与完善，才能够承担起时代所赋予的责任。

3. 促进学生发展

管理与服务学生始终是高校管理的重要工作，在日常生活中，管理学生实际上远远要多于服务学生。在管理学生的过程中，应当给学生提供更多的帮助，如就业扶持、心理疏导等，只有这样才能够使学生更好地服从管理并不断向前发展，无论是创新能力还是主观能动性都能够得到进一步提升。统筹教育资源，学校的各个部门相互配合、紧密联系，给予更多学生生活上的帮助以及就业方面的帮助，更有助于促进学生的全面发展。

二、高校大学生管理的技巧

高校学生管理技巧，是指在管理活动中为实现管理目标、保证管理活动顺利进行所采取的工作方式。管理方法是管理过程中不可缺少的运作工具，它来自管理实践，而又与管理理论的形成有着密切的关系。

管理技巧是在管理原理以及理论不断延伸的基础上不断具体化出来的，是管理原理在整体指导活动过程中的纽带与连接线，管理理论想要在实践活动中发挥实际作用，就需要依托于管理技巧的实施。管理技巧在管理理论与原理中所起到的作用与影响是不可替代的，在发展的过程中，管理技巧不断地借鉴各种科技理论与实践活动后，已经逐渐独立出来并自成管理体系。

伴随着管理方法的逐渐完善，高校的学生管理技巧也在不断更新发展，目前已经成为全面完整的体系。

（一）运用教育方法

教育是指按照一定的目的，要求对受教育者从德、智、体、美、劳方面施加影响的一种有计划的活动。高校学生管理中的教育方法主要是指通过深入细致的思想政治教育，激发大学生的积极性和主动性，引导大学生的思想和行为，以实现高校学生管理职能的管理方法。教育是管理的基本方法之一，管理的中心是人，而人的行为总是受一定的思想支配和制约的，因此在管理中要注意做好人的思想工作，通过影响人们的思想去影响人们的行为，从而促进目标的实现。而高校学生管理作为大学生教育和培养工作中的一个重要组成部分，更要注重运用教育的手段，以增强高校学生管理的教育性。教育方法具有四个方面的特性：①启发性强。教育方法重在通过通情达理的说服，启发大学生认同学校教育与管理的目标，并把个人的目标与学校教育和管理的目标紧密结合起来，从而使大学生能够自觉地遵循大学生行为规范，积极主动地为实现学校的教育与管理目标而努力。②对教育对象有极强的示范性。高校学生管理的目的在于促进大学生的全面发展，使其个性得到张扬和完善。在这个过程中，高校学生管理工作者的言传身教、人格魅力对大学生起着重要的示范作用。③教育手段具有潜在性。大学生思想教育是一个春风化雨、润物细无声的过程，是一个全身心投入、彼此产生共鸣的过程，因而具有潜在性的特点。④对教育对象的影响具有长效性。运用教育方法，可以帮助和引导大学生树立正确的世界观、人生观和价值观，从而对他们的行为起到持久的引导、激励和规范作用。

（二）运用法律方法

高校学生管理需要运用法律方法来实施，其法律方法主要是指制定学校规章制度以及规范时要依托法律规范性质，通过法律规范来调节高校的学生管理制度以及各种体系之间的关系，从而达到规范学生活动的效果。高校学生管理之中涉及的法律相对比较多，例如，国家所颁布的关于学生管理的有关法律法规制度，各地方政府根据各地具体情况所提出的各种条例规章等，都是关于高校学生管理且有相应法律效力的文件。法律实施方法不仅仅是单纯的法律法规，同时还包含着各地的仲裁以及司法等工作。管理方面的法律方法主要有以下两个特性。

1. 严肃性

想要制定相应的法律法规，就需要以法律法规的既定程序为依据。法律法规具有严肃性，不会因为个人行为而有所改变。司法工作同样具有严格性，必须通过严格的执法工作来维护法律的尊严。

2. 规范性

法律和法规具有很强的规范性，约束所有组织以及个体的整体行为。法律和法规的制定解释只有一种，其含义阐释非常严格，并且用语严谨，二者之间不能有相应的冲突存在，法律高于法规，宪法高于法律。

（三）运用经济方法

经济方法主要是通过各种经济实施方式来调节各种经济利益关系体，从而取得更高的经济以及社会方面效益的管理方法。在高校学生管理之中，奖学金以及罚款等是学校管理的主要经济方法。奖学金的设置主要是激励学生，一般是由政府、社会或者学校自身组织的物质方面的奖励活动。这种经济手段主要是刺激在校学生完成目标，通过一系列的对比评选以及后期奖励，激发学生的个人潜力以及调动其自身积极性，同时还可以通过对优秀学生的奖励以及肯定，更好地激励其他在校学生，以达到学校学生全面进步的目的。当然设立奖学金时要有规范性，能表达学校管理对广大学生的厚望与激励，这也是引导高校学生更集中精力向目标努力的方式之一。

罚款属于经济手段中的经济惩罚，主要是针对违反学校各项管理制度的高校学生，旨在减少其造成的危害。高校可以通过罚款来约束在校学生的行为，但是在制定罚款条例时也要有适当的理由，制定的金额也要切合实际，不可以单纯运用罚款的方式来替代思想政治教育，避免引起不公。奖励与惩罚最重要的一点就是严明，奖罚有原因，奖惩有制度。只有制定合理的奖学金制度与罚款制度才能真正达到管理效果。经济方法主要有以下三个特性。

1. 利益性

经济方法是通过运用追求利益性的特性间接地影响被管理人员的方式，主要是运用利益体系来使被管理者主动地寻求自身利益。

2. 关联性

经济方法具有很强的关联性，因此其作用的范围比较广泛，不同的经济手段影响不同，作用效力也有差异。经济方法的影响甚广，一环扣一环，影响力也是非常长远的，后期效果不好预测。

3. 灵活性

经济方法具有灵活性。不同的管理体系需要使用不一样的管理手段去实施。当然，在同样的管理对象或体系之中，也可以针对情况的变化采取不同的管理方式。

（四）运用行政方法

高校管理的技巧之一便是运用行政手段，也就是说需要组织权威的依托，通过命令以及规定或者条例规范等方法以强制性和遵守为前提条件，并按照相应的行政管理系统来指挥工作的管理方式。行政方法指的是运用行政体系里面的职位差异来管理的方法，其强调不同的职位有不同的职责与职权，但并不属于个人特权。行政方法实际上就是政治权威的行使与实施，主要有以下三个特性。

1. 权威性

行政方法所依托的基础是管理机构和管理者的权威，管理者权威性越大，则收到指令效率越高。因此，行政管理的首要条件便是增大各领导层的权威，这也是提高行政方法得以有效实施的保障。高校的管理人员想要有权威性，就需要增强自身的素质与品质，使自己变得更加令人信服。

2. 强制性

针对的管理对象不同，行政权力机构作出的指令以及规定的强制性也有所差异。行政方法主要是通过运用强制力来加强对于活动的控制。但是行政强制和法律强制有很大的不同，法律的强制性主要规定人可以做以及不可以做的事项，通过各司法机构来强制执行。但是行政强制则主要让人的意志行为以及目标达到统一，体现在行动原则统一上，具体的实施方式相对灵活。行政强制措施是保证行政强制性的重要方式。

3. 垂直性

行政方法具有垂直性，属于竖向垂直的管理手段，主要通过行政层次以及其系统来实施与管理。行政指令的下达均是纵向下达，自上而下传送，对于横向指令，接收者并不受其约束，只有上级领导指令对其有约束和指挥作用。所以，管理运用行政方法时，需要明确纵向垂直规则，不可以横向随意指挥传达。

第四节　高校大学生管理的内容与制度

一、高校大学生管理的内容

（一）高校大学生自我管理

1. 高校大学生自我管理的特征

（1）学生既是管理者又是被管理者，即管理与被管理二者的统一

学生自我管理同其他管理活动的根本区别在于，其他管理活动强调的是对他人或他物的管理，而学生自我管理则是行为发出者作用于自身的活动过程。自己既是管理者，又是管理对象，这是自我管理最基本的特征。进行自我调节和控制，是学生自我管理的实质所在。

（2）自我管理是一个动态的螺旋式的循环过程

循环过程就是自我认识、自我评价、自我控制、自我完善四位一体的过程。在学生自我管理中，从目标的建立到组织实施，再到调节控制，以致不断完善，都融于一体。学生在认识社会、他人和自己的基础上设计自己，在管理过程中评价、控制自己，最后达到目标，至此也就完成了学生自我管理的一个循环。这个循环不是简单重复，而是在社会、个人的动态环境中螺旋式的循环。

（3）高校学生的自我管理内容要与时俱进

大学生的自我管理在不同的时代具有不同的内容。此特征有两个方面的含义：一是生活在一定社会条件下的人，其思想水平、知识水平和心理素质就被打上时代的烙印，学生也是如此；二是学生自我管理的目标及其社会意义具有鲜明的社会、政治、经济和文化特征。如今的社会为自我管理提供了汲取营养的现实土壤，作为高校大学生，就应该热爱祖国，热爱人民，追求真理，锐意进取，艰苦奋斗，乐于贡献。

2. 高校大学生自我管理应遵循的原则

综合来看，学生的个人努力和愿望并不能决定他们的自我管理，其需要与社会道德相一致，符合学校的培养目标，满足社会和学校的需求，既要受制于学生管理制度，也要受制于社会条件，并且要接受学校和社会的管理。学生自我管理有一定的特殊性，因为其既主观又客观。因此，其要遵循的原则包括以下三个方面。

（1）遵循自觉自愿的原则

学生自我管理是一种方式，其依靠的是学生自己，学生要自觉自愿地安排一切管理流程，如管理的目标、内容，实施过程和信息的反馈、分析和纠错等。学生管理部门要时刻关注和指导学生的自我管理，为了使学生的自我管理不偏离正确的轨道，可以进行必要的约束。在进行集体自我管理时，要求每个学生都要发挥自身的长处，积极参与管理；在进行个体自我管理时，要充分展示自身的兴趣，施展自己的聪明才智。

（2）遵循认识评价的原则

学生要对自己在社会、学校和班级中的地位有明确的认知，这是实现自我管理的前提。学生的自我管理分为内在条件和外在条件，内在条件包括学生的社会阅历以及文化、心理、政治和身体上素质；外在条件则包括国家的经济文化环境、政策、社会规范以及学校和班级的功能、结构、目标和状况。要想真正切实地实现自我管理，就必须对自身有客观的评价，并且正确地看待社会。

（3）遵循严密性与松散性相结合的原则

集体自我管理的严密性指宗旨明确、计划科学合理、组织稳定并且骨干力量的水平较高，而个体自我管理的严密性指有良好的心理状态、严谨的计划和明确的目标。松散性是指在严密性的前提下，选择学生自我管理的参与者、地点、时间和活动内容等。要用辩证统一的观点来看待"松"和"严"，要实现教育目标，维护集体利益，就必须有稳定的组织、明确的目标、优秀的管理者和完善的制度。集体意识是学生在自我管理的过程中不断加强的，因此应做好每一项集体工作，对集体的决定做到自觉维护和服从，这样学生的自我管理才能始终在正确的轨道上前进。此外，高校学生群体内部有着非常复杂的结构，可以在不损害集体利益的基础上维护学生的个性发展，使学生和学生相互尊重，共同学习，从而促进共同进步。

3. 高校大学生自我管理的意义

（1）提高学生的辨别能力，促进学生的健康成长

从心理层面看，青年学生正处于关键的自我发现和转折时期，他们的参与意识无比强烈，渴望外界尊重自己，这种心理愿望正好让学生自我管理得以实现，可以让他们的心理发展更加健全。学生拥有健康的心理可以促进学校的稳定，但学生的世界观、人生观和价值观并没有完全形成，他们身处的环境又非常复杂，这就让错误思想有了可乘之机。要想不被错误思想影响，家庭、学校和社会的引导必不可少，但学生也要提升自身的修养，在自我管理过程中不断加强明辨是非的能力，让自己的成长过程更加健康和愉快。

（2）有利于增强学生的自我控制能力和适应社会的能力

一方面，教育没有衔接实践会导致学生缺乏创造力和动手能力；另一方面，社会才是学生的归宿，社会要求学生具备更高的专业技能、更强的适应能力和更广泛的知识范围。因此，学生要在学生时代就进行有效的自我管理，抓住一切机会，认真学习专业技能和知识，不断满足社会需要，自我完善，让自我的控制能力、评价能力和认识能力都得到提升，为走向社会做好准备，尽快适应复杂的社会环境，为社会发展贡献自己的一份力量。

4. 高校大学生自我管理的内容

历史和时代共同决定了高校学生自我管理的相关内容。总体而言，

自我管理分为三个方面，即业务素质、思想素质以及身心素质，三者属于辩证统一的整体，既相互联系和渗透，又存在区别。

5. 高校大学生自我管理的方法

学生自我管理是在家庭、社会和学校管理教育的灌输、诱导、组织、指导下，进行自我规划、自我调节、自我教育和自我完善的。由于人和社会环境的复杂性，学生实现自我管理的途径、方法也是多种多样、纵横交织和不断发展变化的。

（1）学校要加强民主建设

只有在真正意义上将学生和教师作为学校的主体，才能体现出学校民主建设的实质。学校应鼓励师生积极参与民主管理，加强民主建设，让师生不仅做自己的主人，也做学校和社会的主人，从而保持高度的主动和自觉，学校也会因此有更强的凝聚力，拥有优良的校风和学风。若学校只是单纯地将学生看作管理对象，忽视学生的心理需求，一切管理都是命令式的，只会让学生的自尊心受伤，打击他们的积极性，使学生的不满情绪高涨。通过实践能够看出，行政管理的力量并不能完全促成优良的校风和学风，还需要依赖群体的群体规范和舆论这样一种无形的力量。因此，民主建设是学校培养人才的前提和保证，制度管理是加强高等学校民主建设、创造良好校园环境的保障。

我国高等学校的管理制度近年来逐步完善。这些制度明确了学生的道德和行为准则，为学校的日常教育、管理工作提出了一套章程。广大学生在思想教育和制度的约束中，不断调节自己的思想、行为，逐步把外压力变成内驱力，自觉遵守，自觉维护。

平等和公开是民主管理必不可少的因素。平等指管理者要真诚、平等地对待教师和学生，公开指要让管理工作更加透明。学校只有平等、公开地开展管理工作，才能增强学生的平等和主体意识。

学校在管理过程中应尽最大努力让学生参与议政和管理，拓宽管理渠道，让学生尽自己最大的能力进行管理。学生能够在管理中增强主人翁意识，提高自己的归属感，而集体智慧也会提高决策的正确性。而且学生参与管理也可以提高他们的能力，充分发挥他们的积极性，加强学生和管理部门之间的相互联系。

在实现民主管理的同时也要注重培养人的素质。管理的重点在人，而学校民主管理的核心在于提高人的全面素质。学校不仅要发挥教师、管理者和党团组织的作用，还要强化思想政治教育，引导学生为教育改革贡献力量，鼓励学生自强不息，让学生发现民主与集中的关系，提高民主观念。学生在精神上有了支撑，才会为学校的民主管理提供良好的前提条件。

（2）搞好学生组织建设

学校的团组织、学生会、班委会以及各个班级和系部都是学生组织。学校可以依赖这些组织保证学生管理工作的顺利进行，而学生的自我服务、管理和教育也可以通过这些组织实现。

学生干部是强化学生组织建设的关键。学生是学生干部的来源，他们在接受管理和教育的同时也可以帮助学校进行管理。优秀的学生干部能够促成优秀集体的建设，因此在学生的管理工作中必须做好学生干部的选拔和任用。

改进管理方法也是强化学生组织建设的关键。在实现目标、达到目的的过程中必须使用相应的方法，好的方法可以帮助组织事半功倍地达到管理目标，能够保证高的效率。这点也适用于学生组织的自我管理，通常情况下，正面激励法、榜样示范法、制度管理法、民主管理法等都可以用于学生组织的自我管理。

（3）加强社会实践活动

在教学实践中，加强自我管理是实现社会实践活动的前提。高校学生的根本任务是学习，并通过学习提高自己的智力和能力，而教学过程中的实践活动正是学校为了使学生把所学到的知识运用于实践所安排的。一个合格的学生，必须掌握自己所学的基本技能、理论和知识，在学生的自我管理中，最重要的就是要在教学中加强实践，每个学生都要从自己的专业和实践需求出发，积极地参与各种实践活动中，不断地考察和试验，加强自己的学习思考能力，让自己掌握更多的知识，并且能够在实践中灵活运用。

校内外的各种实践活动也是实现自我管理的途径。在教学环节之外可以充分发挥校内外实践活动的作用，让学生施展自己的长处，发现自己的爱好。在校内外实践活动中实现自我管理要注意四个方面：其一，参加学校组织的各项活动时要从自身的兴趣和特长出发，增强自己的责任感，做到独立自主，全面提高自身素质。其二，要优化管理措施，完善管理制度，做到管理严谨，避免松散现象的出现。其三，要合理安排假期，可以在假期中参与社会服务活动，充分了解社会，让自己的信念更加坚定。其四，积极地参与学校组织的各项活动，不断提高自己的社交能力，并且让自己的集体、竞争和参与意识都在活动过程中得到锻炼。

（二）高校大学生学习学籍管理

大学生学习管理是高校的日常工作和中心工作之一。作为高校教学管理的重要组成部分，大学生学习管理是高校通过建立健全一定的规章制度，运用一定的手段和方法，按照既定的工作目标，对大学生在大学期间的学习过程、学习活动、学习规律等，加以组织、控制和激励的一种有序的活动。大学生学习管理水平的高低，是检验和衡量一所高校教学质量高低及办学效益好坏的重要标志之一，各高校都十分重视对大学生学习的科学管理。

大学生学籍管理是指对取得学习资格的学生，从入学注册、成绩考核与记载、升留降或者重修、转学、休学、复学、退学、奖励与处分、毕业与毕业资格审查等方面，按照国家教育方针，按照教育规律，按照社会发展不同阶段的实际，遵循青年学生身心发展特点，制定规章制度，实施管理。

综上所述，大学生学习学籍管理，有助于提高学生学习的主动性、积极性和创造性。

（三）高校大学生生活行为管理

对生活的管理体现了高校对学生的关怀，有利于学生保持身心健康，建立正常的学习和生活秩序，使大学生能够德、智、体、美、劳全面发展，促进学校达成目标，意义深远。对大学生的生活管理应当包含大学生的一切活动，包括卫生健康以及饮食起居等，生活管理有利于提高学生生活的质量，使其保持良好的习惯。

高校大学生行为管理的主要方式是监督检查大学生日常行为，发现问题能够及时解决，使大学生身心健康，走上正路。

（四）高校大学生体育卫生管理

高校大学生体育管理，是指在大学生的生活当中，对学生的体育活动进行计划性的调控，给学生制定锻炼的目标，有计划、有组织地对大学生进行体育锻炼，让大学生拥有健康的身体，促进学生身心共同发展，制定的基础学校的教育制度和学生的整体状况，采取少投入多收获的方式，对金钱、时间信息和财务等投入，尽可能的少，获得高效益。

高校大学生的卫生管理包含很多方面，其中有大学生作息制度的卫生，心理健康的卫生，教学设备和学校的环境卫生，课外活动、住宿供水的卫生等。

（五）高校大学生课外活动管理

大学生课外活动的管理工作，包含校内和校外两方面的管理。在高校管理的过程当中，想要管理大学生课外活动，就一定要控制导向，使其能够达到这些目的：第一，让大学生能够培养自己的兴趣爱好，能够发挥自己的特长，将人才定点培养；第二，让大学生能够提高自我的思想政治觉悟，建立起科学的世界观以及思想道德相关品质；第三，对教师在课堂上所讲的知识加以巩固和发展，使知识能够转化为学生的能力；第四，让学生拥有人际交往的机会，更好地适应社会，使大学生的生活更加丰富。

（六）高校大学生社团活动管理

1. 高校大学生社团活动的作用

在当代中国的高等学府里，近年来学生社团组织如雨后春笋般发展起来，无论是就其数量，还是就其活动范围和参加人数而言，都远远超过以往任何历史时期。目前，社团活动已经成为大学生课外活动的重要组成部分。

综观目前高校学生社团组织，按其活动性质可以划分为兴趣型社团

（根据兴趣爱好自愿结成的团体，如桥牌协会、文学社、书法社等）、学术型社团（以专业学习、研究和交流为目的组成的团体，如经济管理协会、科学技术协会等）、服务型社团（以科技、文化服务和劳务服务为主要内容的团体，如各种科技、文化中心）三大类。此外，还有在学校组织或直接指导下开展活动的文化型社团（如文艺社团、乐团等）和新闻型社团（如学生通讯社、记者站等）。

高校学生社团活动是让学生学会自我组织与自我管理的重要途径。高校中的各种社团，不论类型、不论大小，都可以增强在校学生的自我管理能力与教育能力。社团组织活动主要是通过整体活动将一群爱好相同的人群聚集在一起，让他们自己去开阔视野，丰富活动内容，增加生活趣味，同时增强团队合作精神，从而为后期进入社会打下基础。不同性质的社团中有相同爱好的同学，可以帮助高校学生根据自身特长发展进步。

当然，各种类型的社团活动的出现也有其他作用，例如，学术类型的社团活动可以激发高校学生的积极性以及自主意识，对提高学生的探索精神也有很大影响；以艺术爱好为主的社团活动直接可以丰富高校学生的课下生活，增强在校学生的修养与情操；文化以及新闻类型的社团则需要比较高的专业水平，可以增强高校学生的专业知识体系；还有服务类型的活动，此类社团活动主要是让高校学生了解国情、了解社会，增强其劳动服务观念，使学生拥有更加深刻的责任与使命感。

2. 高校大学生社团的组建程序

（1）学生社团的申请条件

学生社团不同于社会团体，是本校学生自愿组织的群众性团体。兴趣、爱好相近的学生，在自愿的基础上，可以向学校申请成立社团，但在申请成立社团时，须具备以下基本条件：

第一，有社团章程。社团章程必须明确规定本社团的宗旨和活动目的。任何学生社团，均不得反对四项基本原则，不得从事有碍学生身心健康的活动。社团章程必须经过本社团成员讨论通过。

第二，社团活动透明化。要明确社团活动的内容、开展活动的方式和时间，以及接纳社团成员的办法等。社团活动的内容应与社团宗旨和活动目的相符，应以丰富和补充课堂知识、活跃课外生活为主。社团开展活动一般应在课余时间进行，以不影响社团成员的正常学习为基本原则。接收和调整社团成员应有规定和程序，禁止个人独断。

第三，有相应的组织领导机构。学生社团的组织机构、领导机构，一般以便于组织和开展活动为设置的原则，不宜设置烦琐和庞大的机构，要实行民主集中制的组织原则。社团筹备过程中，必须指定临时负责人，一经批准成立，应民主选举或协商产生正式负责人。社团负责人必须具备这些基本条件：政治思想好，努力学习，熟悉本社团业务，热心社会工作，有一定的组织领导能力。专业性较强的学习社团，还应聘请指导教师进行政治和业务指导。

第四，活动经费有可靠来源和相应的管理办法。学生社团可以在社团成员同意和可能承担的前提下，规定社团成员一次或定期缴纳少量会费，也可以采取正当方式筹集部分经费。但无论以何种方式取得的经费，必须有专门办法、专门机构或专人进行管理，并定期在社团内部公布收支情况。

（2）学生社团的组建

第一，学生社团成立的程序。学生社团筹建过程中，如果同时具备四个基本条件，则可以正式申请成立。申请成立学生社团的程序比较简单，但必须有正式书面申请。

正式书面申请应包括这些内容：申请成立社团的原因和理由；拟成立社团的名称；社团的章程和宗旨；社团规模和现有成员数，活动内容及活动方式；社团筹备负责人基本情况；社团活动经费来源及管理办法等。

正式书面申请须先经集体讨论通过，然后由社团筹备负责人送交学校有关部门，并由社团筹备负责人向学校有关部门作必要的说明。若学校暂未明确学生社团审批部门，可以将正式书面申请送达与本社团活动内容相近的学校有关部门。

第二，学生社团的审批。学校有关部门受理学生社团的申请、批准等事宜。学校有关部门在决定是否批准某个学生社团成立之前，应对正式书面申请的内容进行审查，并作必要的实际调查和了解。学校有关部门决定批准或不予批准某个学生社团成立，应有书面通知，并通知社团筹备负责人。对批准成立的社团，学校有关部门应规定该社团的主管部门，必要时可规定辅导教师。对未被批准的社团，学校有关部门要说明理由，做好解释工作。经学校有关部门批准后，学生社团可以正式成立，开展活动，而未经批准的社团不得成立和开展活动。需要特别指出的是，跨学校、跨地区、面向社会的团体，不属于学校社团之列。学生申请成立这一类社会团体，应当按照我国公布的《社会团体登记管理条例》的规定办理，学校无权受理此类申请。

第三，学生社团的解散。学生社团的解散，包括自行解散和强制解散两种。

自行解散：由于学生流动快，学生社团成员变化较大，容易导致社团活动停止、社团组织自行解散的情况。学生社团自行解散，要向批准成立的部门报告，同时要妥善处理遗留经费和物资。凡属个人的，应当返还本人，剩余部分上缴学校。

强制解散：学生社团活动应当严格遵守有关法律和规定。社团活动发生违反宪法、法律和有关法规，并造成严重影响，或严重损害学生身心健康，或严重干扰学校秩序，或与本社团宗旨无关，经劝告仍不改正等情况时，学校有关部门可以责令该社团停止活动，并强制解散。对社团负责人和有关直接责任者，可以按有关规定作出相应的处理。

3. 高校大学生社团活动的原则

（1）社团活动必须服从领导

高校存在专门管理各社团组织的机构，其主要从政治方面领导学校各社团组织。各社团组织需要自觉地接受管理部门的领导，社团活动必须服从主管部门领导。

（2）学生社团活动要合法合规

高校学生的社团活动需要遵守学校的组织纪律与制度秩序，遵守校纪校规以及我国法律法规。当然社团活动也不能长时间不断地组织，需要在学生完成学业的基础上开展社团组织活动。社团组织也要有教育意义，要求社团内成员遵守校规、遵纪守法。

（3）社团活动要为社团宗旨服务

学生社团要认真按照确定的宗旨开展活动，不得从事与本社团宗旨无关的活动。

（4）学生社团邀请任何人员参与活动都要经学校同意

学生社团邀请校外人员到学校进行社会政治活动和学术活动，均须经学校同意。学生社团邀请有关专家、学者和知名人士到学校进行有关内容的演讲、座谈和社会政治活动，对提高社团成员的水平，丰富社团活动内容，都有积极意义。但是为了加强管理，学生社团组织或个人不得随意邀请校外人员来校从事有关活动。

学生社团组织或个人邀请校外人员（包括外籍人员）到校举办学术讲座、发表演说、做报告、进行座谈和讨论等活动，须经学校批准。组织者应当在72小时前向学校有关部门提出申请，说明活动的内容、报告人和活动负责人姓名，学校有关部门应当在拟举行活动的4小时前将许可或者不许可的决定通知组织者。讲座、报告等社会政治活动和学术活动，不得反对我国宪法确立的根本制度，不得宣传封建迷信，不得干扰学校的教学、科研和生活秩序。对于违反上述规定的活动组织者，要根据校纪，酌情予以处理，对于正在进行的这类活动，学校有关部门也应该责令立即停止进行。

（5）学生社团创办面向校内的报刊，须经学校批准

学生社团可以根据需要创办面向校内的报刊，但报刊内容应限定在

本社团宗旨范围内。在正式创刊之前，要向学校有关部门提出申请，说明办刊宗旨、登载内容、出版周期、经费来源，以及编辑人员组成等有关情况。未经学校有关部门批准，不得印刷和散发、张贴自办报刊。

出版面向校内的报刊，要求学生社团高度负责，认真选择稿件，尽量减少或不出差错，特别是不应出现政治性的失误。为此，应当主动争取有关主管部门帮助把关。报刊应标明已经过学校有关部门批准字样或标注批准号。报刊停止出版，应向原批准部门报告。学生在校的主要任务是学习，因此不提倡学生创办面向校外的报刊，如果创办面向校外的报刊，必须按照有关规定报政府有关部门批准，并接受指导和管理。

综上所述，高校对学生的各方面管理方法十分丰富，手法多样，在高等学校的管理当中，对学生的管理是十分必要的，学校想要培养合格的人才，就一定要对学生进行管理，让学生能够拥有良好的习惯，可以独立生活，健康愉快地成长，为社会主义事业作出贡献。

二、高校大学生管理的制度

从高校大学生管理制度现有内涵分析，可以总结出代表两种角度的定义。首先是广义范围的高校学生管理制度。其组成部分除了日常学校内部自己制定并且实施的制度，还涵盖了国家及教育行政部门的一些相关法律惩罚条款、规章制度等。其次是狭义范围的高校学生管理制度。该观点下的高校学生管理制度局限于学校内部管理，而不能上升到法律体系的层面，即它们只是国家宏、中观制度中的分支，适合在高校内部使用。换言之，高校学生管理制度就是以国家相关法律条例为基础，为实现高校教育工作正常开展和实施以及为所有校内学生创造良好的学习氛围、打造最适合学生学习的教育教学秩序的目的而制定的普遍适用于高校用来约束校内学生行为的一系列不同的相关规定及措施等。

综合上述两方面的基本认识，就高校学生管理工作而言，高校学生管理制度以大学生群体为管理对象，其主要内容涉及学生的思想、行为规范和学习、生活等方面的准则，包括管理规定、行为准则以及各种专项管理制度。从整体上说，高校学生管理制度应当是一个相对完整的制度体系。因此，这里将高校学生管理制度定义为：相关教育管理部门及高校制定的，针对高等学校在校学生学习、生活、行为等一系列在全校范围内具有普遍约束力的各种规定、办法等。从外延上说，高校学生管理制度不仅包括高校内部的相关管理制度，还涵盖了国家、教育管理部门颁布的，与高校学生管理相关的法律法规以及相关的制度、条例、章程。

（一）高校大学生管理制度的特性

就高校学生管理制度而言，除了制度原有的权威性、时效性、强制性和工具性等一般特点外，还具有以下三个方面的基本特性。

1. 具有合法性

该制度的合法性主要表现在两个方面：第一，高校学生管理制度制定的前提必须是满足国家相关法律法规的要求，切忌与国家及教育主管部门内部相关规定相悖；第二，在实践该制度时，伴随大学生法治观念的日益增强，高校教育管理工作者必须始终坚持依法治理，在规范管理的同时维护学生合法权益。

2. 以育人为核心，具有极强教育性

高校学生管理的出发点与落脚点在于育人，其制度的制定必然体现出教育性的特征。制定与实施高校学生管理制度的前提是必须将学生的全面发展作为出发点，本着"育人"这一核心原则，在细节方面尊重学生个体的独特性以及成长规律，让高校充分发挥教育的作用。

3. 有极强的层次性

高校学生管理制度不只包括宏观层面上"立法"这一层级的制度构建、国家层面的法律条例以及相关的规章制度，还涉及学校内部校级、院级以及班级的一系列制度规定，而它们的管理主体具有层次性。

除此以外，高校学生管理制度正是因为其内容之间存在一定的内在

统一性及层次性才能形成相对独立的制度体系。

(二）高校大学生管理制度的趋势

1．遵循法治化

在我国，学生管理制度顺利实施的前提是必须满足我国经济体制改革的相关要求，即遵循法治化。教育法制的完善过程本质上属于教育体制的创新。所以形成中国特色社会主义教育的保障，就是教育法律法规及相关制度体系的完善。从我国教育法制目前的发展状态来分析，教育宏观层面的立法依然有所欠缺。所以，我国日后的教育体制创新方向应该面向继续发展教育管理、学生管理方面的依法行政与管理，推动教育法治建设的发展以及执法监督力度的加强，这些方向同时也约束着教育管理的实施。

2．追求人性化

教育的形成主要受教育体制和教育思想观念的影响，因此，一所高校要改革教育必须以教育体制及思想观念的改革为基础。随着教育观念的不断更新与发展，其现在强调的内容是"以人为本"，即教育越来越追求"人性化"。但是，要保证这一观念与高校教育并行实施的有效性，首先要做的就是改变高校教育管理者的旧思想、旧观念。

除此以外，还要将这一观念渗透到教育管理组织机构的设计、制度的安排、流程再次构建以及内容和方法中，让其实现对学生实际的真正了解并深入学生内心，最终形成平等有效的运行机制，即本着以学生为主体，尊重学生成长与发展的原则并促进学生自身发展与国家利益和学校发展之间形成有机统一。例如，对学分制改革的提出以及后勤社会化产生的影响，学校应该采取的正确措施是以学生为主体，以满足学生对集体归属感的强烈需求为前提，以专业、宿舍、社团等组织为对象形成新型的组织方法，旨在为学生提供更加广阔的活动空间、让学生体会多种形式的活动、让学生的选择更加多样化，真正实现"以人为本"与学生管理工作的有效结合。

3. 实现科学化

现代信息技术受到了当代大学生的普遍喜爱。其在给予当代大学生许多益处的同时，也对学生的发展产生了不良影响。在新的教育环境中，高校在实施学生的教育管理工作时，应该积极主动地有效利用信息技术所发挥的正面作用，同时也要限制或者消除其产生的消极影响。持续发挥信息科学技术以及网络宣传的积极作用，充分利用网络提供的服务性功能，及时将教育管理的政策、条例、动态以及其他相关文件提供并反馈给接受教育管理的成员；积极打造政治素养水平较高、了解并掌握党在教育工作方面的努力方向及教育管理相关理论、熟悉利用信息网络技术的专业教育管理团队，尽快建立属于自己的教育管理网站并不断更新，最终通过信息网络技术来实现教育管理工作的有效推进；利用网络信息技术丰富教育管理的相关内容，以先进的思维方式及文化内涵获得更多网络资源，促进社会的网络文明与高校的教育目标之间的和谐发展，创造积极健康且多元化的文化环境；借助信息技术及网络道德教育的发展，规范网络道德行为，鼓励网络环境中人格的健康呈现，推动自律与他律之间的有机结合，加强筛选排除消极信息的能力以及网络技术和信息技术使用过程中表现出的自控能力，为教育管理对象打造健康的网络信息环境。

4. 走向国际化

21世纪，世界各国之间的交流日益频繁，交流所涉及的领域范围更加广泛、层次更加复杂。这些变化表现在教育方面主要是：教育更倾向"自由思想"的培养，并促进政府和大学生之间关系的多元化。除此之外，教育更着重对大学在历史各阶段与现代社会发展过程中所体现的内在价值的研究和实践。在我国，对高等教育管理的改革和学生管理制度的改革起到关键和根本性作用的便是高等教育自身存在的内部规律。我国只有了解其内在价值、顺应世界的发展方向和时代潮流，才可以在国际高等教育领域占有一席之地，并促进社会服务功能和高等教育地位的不断提高。

第二章

高校大学生教育管理体制

第一节 高校大学生管理体制发展趋势

高校学生管理的目标是促进学生发展，同时包含教育、管理、服务职能。应在学生管理过程中以人为本，充分发挥高校学生管理的育人功能，注重学生思想品德素养，促进学生自主发展，采用服务型行政事务管理方法，满足学生合理的需求。

一、未来高等教育在校学生的特征

（一）彰显个人自主意识彰显

随着社会经济利益分配沿着竞争规律流动，市场经济的一个突出特点是按照市场法则平等竞争。社会政策对个人利益表示承认和肯定。因此，市场经济不仅从经济上要求独立个人的形成，而且在观念上要求强化人的主体意识。

当前以及未来的高校学生处于市场经济这一大环境，应具有较强的自主意识。这种自主意识一方面表现为对自身价值、自我尊严的追求，另一方面表现为自我意识、民主意识、平等意识等新观念的蓬勃兴起。就业市场的竞争，关心个人发展机遇，自立、竞争、公平、效率等时代意识强烈，使得高校学生更加注重自我完善，表现出对市场经济的新知识以及新技能的强烈求知欲。高校学生应积极思考并明确自身价值，及时确定人生坐标，最大限度地实现自我价值。

（二）注重个人创新意识培养

未来的高校学生首先应具有较强的自主意识，其次注重个人创新意识的培养。创新是一个民族进步的灵魂，是一个国家兴旺发达的不竭动力。1998 年世界高等教育大会提出："培养学生首创精神和学会创业，应引起高校的重要关注，目的是使毕业生更容易立业。高等学校的毕业生不再被称为求职者，相反，他们更将成为创业者。"知识经济的时代，知识质与量的不断更新与增加，技术革命成果的不断涌现，要求高等教育必须把重视创新精神、注重实践能力、突出个性特色的人才培养作为我们未来工作的重要目标。

随着我国不断推进经济发展方式的转型，致力于将我国建设成创新型国家，而这需要创新人才的大量涌现。学生对事物所持有的兴趣与好奇心是培养学生创新意识与创新精神的前提条件，要激发学生的学习兴趣和好奇心，高校在学生管理过程中应做到以下四点。

第一，营造有利于学生独立思考、自由探索、勇于创新的良好校园氛围，尊重学生的个人选择；善于挖掘学生个人的潜力，鼓励学生个性发展、自主发展。

第二，建立有利于选拔创新人才的制度。

第三，制定评价创新人才标准。

第四，制定灵活多样的课程选修制度，给予高校学生条件支持，开展国际合作等方式，培养具有创新精神和创造能力的人才。

二、我国高校学生管理发展中的应对措施

（一）安排有专业管理经验的人员进行管理工作

由于学校中有管理经验的人员一般由老师担任，但缺少专业负责进行学生管理工作的专门型人才，因此学校可以招聘一些学习教育管理这方面知识的专业人才，然后让他们在学校中进行学生的管理工作，那么他们就可以通过自己的知识，以及对学校整体情况的了解，建立较为适

合学校的管理模式。同时，学校也应该加强对管理工作人员综合素质的培养，定期安排这些老师到管理模式较为先进的学校学习别人的优点，并结合自己学校的特点，建立起一个合适的管理模式，且管理工作者还需要时刻关注时代的发展，能够跟随着社会中的变化，对学生的管理模式进行及时的调整。

（二）针对不同学生群体，实施不同管理方式

高校的学生并不都是统一的思想，他们对学校的生活环境以及学习环境，都有着不同的认识，那么如果采用同一种方式对学生进行管理，就达不到每个学生都舒心的效果，因此学校应该针对不同年级的学生采取不同的管理方式。

首先，针对刚入校的新生。管理工作者应该将学校的有关规定，以及学校的一些基本信息制成入学须知，在这里面要包括学校的门禁时间、学校的自习教室的使用等，同时，还需要印制出学校的简易地图，让学生能够清楚地了解到学校的主要建筑在哪里，并在每个班安排专门的高一级的学生对新生进行思想及生活上的帮助。

其次，针对在校的学生。管理工作者要制定详细的管理方案，随着社会的发展，现在的学生发展越来越个性化，因此，不能像原来那样进行限制性管理，而是应该注重学生的个性化发展，同时在学生中间展开调查。比如，可以通过问卷调查的形式，调查学生对学校食堂的饭菜的评价，以及对图书馆管理的建议等，然后根据学生们的需求制定出合适的管理方案。

最后，针对即将毕业出去实习的学生。这部分学生由于其既需要工作，又需要处理好学校后续的一部分事情，因此学校在对这一部分学生的管理上要合理安排他们的时间，比如有的学生由于实习的原因，不能及时回到学校，那么学校应该对这部分学生进行登记记录，然后对他们的门禁时间适当放宽松些，使学生能够在实习与学校之间充分地做好调整，进一步促进学生能够顺利地完成实习任务。同时，学校也可以邀请企业到学校进行招聘，让学生不出校门就能够参加自己喜欢公司的面

试，节省学生的时间，使学生能够面试更多的公司，有更多的选择。

三、高校学生管理模式

（一）优化学生管理工作理念

随着时代的进步，我国高等教育逐步与世界接轨。随着网络信息化的加速，大量新思想、新潮流不断地影响着高校学生。传统的学生管理以分数、考勤、纪律等作为重点，忽视了学生在管理中的主体地位。这些问题迫切要求高校优化学生管理工作理念。首先要强化服务意识，这就要求学生管理工作者要摒弃那些高高在上的错误思想认识，站在平等的角度，一切从学生的根本利益出发，设身处地为学生着想。只有这样，才不会用一成不变的制度限制学生，而是使学生管理工作得以顺利地进行。其次，要明确学生的主体地位。学生管理工作不是单纯的制定规章制度，束缚学生的行为，它要求学生明确自己在高校中享有的权利和应该履行的义务，这样学生在充分享受自己权利，提高自身素质的同时还能够自觉地履行义务，让思想支配行动，充分发挥规章制度的引导作用。同时学生的主体地位还体现在可以向管理工作者提出疑问，对于管理者提出的不合理要求或制度，不再私下抱怨或抗拒，而是可以积极主动地提出符合大多数学生实际情况的意见或建议，让学生管理者了解学生们的心声和诉求，及时修改管理制度，确保管理工作不与学生需求脱轨。

（二）创建一支优秀的大学生管理人才队伍

随着我国高等职业教育进入蓬勃发展时期，学生层次更加多元化，学生管理工作难度也随之加大，为了完成新形势下的德育工作，就必须创建一支思想道德高尚，工作作风端正的大学生管理人才队伍。大学生管理人才队伍是高校管理工作的协调者、执行者，是联系学生和老师之间的纽带和桥梁，在学生管理中起着模范带头的积极作用。他们要深入学生当中，及时掌握学生们的思想状况和活动情况，并及时向上级部门汇报，针对学生的实际情况，高校应根据学生所需定期组织一些丰富多彩的文体活动，在提高学生们积极性的同时还能增强师生友谊。学生管理队伍的优势在于他们本身就是站在学生的立场，从学生的角度出发考虑问题，能对最真实的信息进行反馈，同时管理工作要求他们有比普通学生更高一层的思想认识，在日常生活中时刻规范自身的言行举止，为其他同学做出榜样，形成良好的高校文化氛围。因此，高校学生管理工作的目的是通过创建一支优秀的大学生管理人才队伍，构建分工明确、合作有序的管理工作体制，运用现代化的管理手段，真正促进学生管理走向专业化、科学化。

（三）加强学生自我教育能力

在学生管理工作中，仅提高管理者的一系列素质还是远远不够的，还要充分调动学生的积极性，增强自我教育能力。苏霍姆林斯基曾经说过："一个少年，只有当他学会了不仅仔细研究周围世界，而且仔细研究自己本身的时候；只有当他不仅努力认识周围的事物和现象，而是努力认识自己内心世界的时候；只有当他的精神力量用来使自己变得更好、更完善的时候，他才能称作是一个真正的人。"自我教育能力是实现学生自我管理的巨大动力，高校学生管理要促使学生在无人监管的条件下，仍然能够自觉地从各方面完善自己，提高自身的综合素质。高校学生管理是高校管理的重要内容之一，是一个系统的复杂工程，特别是新形势下，科学技术高速发展，社会更需要综合素质高的优秀人才。高校学生管理模式也应与时俱进，不断创新，对促进学生综合素质的提高和全面发展有着非常积极的意义。

第二节　高校大学生管理专业化取向体制

一、高校学生管理工作概述

高校学生管理工作既是职业的一个类别，也是高校教育中的一项基本任务。

（一）高校的主要任务是培养高素质、高技能的人才

高校的主要任务是培养高素质、高技能的人才以满足社会发展对人才的需求，为国家的发展与建设培养接班人。高校对人才的培养不仅是专业知识和技能的传授，还包括对学生的适应能力、人格形成、道德建设等多方面素质的培养。高校学生管理不仅为高校教学服务，更对学生形成正确道德观、价值观、人生观具有重要的作用。高校学生管理工作经历了长时间的探索和发展，在管理体系、管理理念、管理方式和人员配备方面日趋成熟。

（二）高校学生管理是一门具有很强实践性的学科

高校学生管理将教育学、管理学、心理学等多种学科加以融合，具有综合性特点。随着教育改革的持续进行，高校学生管理工作不断探索、不断发展，已从单方面的强制性说教、灌输模式逐渐向以人为本、服务化和制度化的方向转变。高校学生管理工作涵盖范围广泛，以引导学生思想的正向发展，为学生生活需要服务，指导学生就业发展，对学生进行心理健康的维护等多方面为工作内容。

（三）高校学生管理走科学化的发展路线

国内的高校长期以来并没有将学生管理工作作为一个单独的学科，高校的行政化管理机制使工作在一线的学生管理从业人员仅作为管理工作的执行者，管理实权和自由决策力缺乏，其并不属于真正意义上的学生管理。要从根本上提高我国高校学生管理工作水平，应该向西方国家学习借鉴，走科学化的发展路线，既要有明确的管理目标、完善的管理体系、正确的管理理念，还要有高素质管理人员的职业发展与培训规划、方法，建立职业化、专业化、高素质化的高校管理工作人员队伍，这对于高校人才的培养具有重要的意义。

二、高校学生管理走专业化发展道路的必要性

高校教育是国家人才培养的重要行业，为社会各行各业的发展培养

了专门的人才，是国家发展的主要推动者。任何一个行业的发展，都是从不成熟到成熟再到专业化的过程，每一种行业分工最终的发展趋势都是具体化、专业化。

（一）职业发展的专业化

学生管理的专业化是将学生管理工作作为一个专门的学科类别，和会计、法律、金融等专业一样，具有更强的专业性。从业人员也同其他从事专门性职业的群体一样，具有更专业的知识素养，为社会培养本行业的专门人才，其无论对于从业者本身的发展还是整个行业的发展都具有非常重要的意义。现今我国高校学生管理工作对管理和被管理两方来说，是服务与被服务的关系，强调的是双方的互动性。学生是服务的主体，占据着主动的地位。为了满足对新一代大学生的管理需要，高校学生管理者必须了解现代大学生的心理特点，用更加专业的知识和理论，采取更加专业的管理方法，做好现代高校学生的管理工作。

（二）培养实践性和业务性强的职业素养

传统的观念认为，高校学生管理工作者不需要像高校中的专业教师那样具有高学历、高知识储备，无论谁来干都可以胜任此项工作。但是从本质上来说，高校学生管理工作是集教育学、管理学、心理学于一体的综合性学科，其专业性强，专业要求高，对从事学生管理工作的人员在专业素质方面的要求更高，而且要具备丰富的实践经验。具体来讲，学生管理工作人员不仅要具有教育学、管理学、心理学等学科理论知识的储备，还要具有能够亲力亲为指导学生的社会实践工作、学生的日常工作、学生的心理健康、学生学习生涯的规划、各种专业特色研讨会的开展、学生活动的组织以及学生就业指导等实践性强和业务性强的职业素养。

（三）为高校教育事业服务

在国外，学生管理工作从业人员都受过高校管理工作的专业教育，国家也会针对学生管理工作开展专门的业务培训。在 20 世纪 50—60 年代，由于我国国内的学生管理工作起步较晚，从业人员理论知识储备相对比较欠缺，专业化程度低，而且主要是执行行政式指令的工作模式，工作缺乏针对性，学生管理工作缺乏完善的管理体系和有效的管理制度，人员流动性大，学生管理工作的成效并不理想。因此，学生管理只有走专业化的发展道路，才能从根本上提高学生管理工作的质量，为高等教育事业服务。

三、高校学生管理工作专业化理念的建立

随着高校教育改革的深化，高校内部管理进行着根本上的更新和变革，学生管理工作已经呈现出专业化的发展趋势。职业经过分化和发展，必然形成专业，从而形成强调专业知识和技能的职业。

（一）职业分类的角度

专业是指群体经过专门的教育、学习和训练，具有高深的、独特的专门知识和技术，按照一定标准进行职业活动，从而解决人生和社会问题，促进社会进步并获得相应报酬待遇和社会地位的专门职业。可以说，现如今高校学生管理工作已符合职业专业化的标准。

（二）社会的角度

现在学校管理学知识体系日益完善，在国内的高等院校的教育学院都有教授教育管理学的内容，在一些高校管理中已经形成自己特定的管理方式和技术。另外，在高校内部对学生管理工作从业人员的知识技能已经有了一定的要求和标准，高校越来越重视学生管理工作从业人员的业务培训。从社会角度来看，高校管理职业在社会中已经作为一个职业阶层存在了。

（三）专业发展的维度

作为高校教育管理专业人员，获得系统而明确的专业理论知识是专业发展的又一重要维度。高校管理的教育性、综合性与复杂性要求高校学生管理工作者更应具有符合教育者、领导者和管理者角色要求的知识

结构。专业伦理是高校学生管理工作专业最根本、最直接的体现，它包括从业者的职业道德、行为规范以及高校学生管理工作者的专业态度和动机，而专业态度和动机又是专业特征形成和发展的动力和基础。自我专业发展意识是保证高校学生管理工作者不断自觉地促进自我专业发展的内在主观动力。

四、高校学生管理工作专业化的制度保障

高校学生管理工作受多方面因素的影响和制约，学生管理工作制度不仅是高校学生管理工作中最重要的影响因素，而且是学生管理工作开展的基础，为学生管理工作的贯彻落实提供制度支撑和保障。对于高校的发展而言，不但要加强硬件方面的建设，努力提升学生管理工作的实用价值和实际效果，还要在软件方面建立健全学生管理工作制度，为学生管理工作的开展提供有力的制度保障。

（一）以制度形式明确学生工作管理的地位

高校出台的一系列的制度、规则或者年度工作规划要明确学生管理工作的地位，不仅为学生管理工作提供制度保证，还要有一定额度的配套服务经费的划拨，在经济上给予支持，从制度和财力、物力等方面共同为学生管理工作有效、健康的发展提供支持和保障。

随着教育形势的发展，高校学生管理工作应该与时俱进，根据形势的变化及时做出调整，使其与社会和教育的发展相适应。因此，明确学生管理工作在学校总体工作中的地位，遵循学生管理工作的服务宗旨，建立健全相关人员准入、考核、评比机制对提高学生管理工作显得十分重要。

（二）以制度形式确保学生管理工作岗位的职业化

高校学生管理工作岗位具体包括对学生进行思想管理和心理健康的管理；为学生就业提供指导；进行法律法规教育；进行学生社会实践管理等。这些工作细化到学生管理工作的各个部门，对于部门岗位，应该

建立明确的制度和规则，为管理工作的执行提供保障，确保岗位工作人员具有过硬的专业知识和专业技能。

（三）采用艺术性学生管理模式、制度激励创新

高校学生管理工作的主要对象为大学生，大学生是青年群体中的典型，具有自身的特殊性。在大学生群体中工作，为他们提供服务，对各种事件处理的好坏直接对大学生人格的形成和社会认知，以及人际关系的培养有着重要影响。因此，艺术化学生管理培养模式要使学生在接受学校管理工作过程中，不流于表面，而是发自内心的认可。将教育管理深入打动学生的内心，使学生在社会交往的层面上得到正确的认知，这是学生管理工作的意义所在。

以制度化的形式采取适度的激励，使学生管理工作人员优秀的工作表现和成果受到认可和鼓励，会激发其他工作人员的工作积极性，对工作更有兴趣，勇于创新，从而在整体上提高学生管理工作的质量。

综上所述，高校学生管理工作的职业化强调高校学生管理工作是一个独立的社会职业，而高校学生管理工作的专业化则要求提高高校学生管理工作从业人员的专业水平。通过高校学生管理工作专业化，可进一步发展高校学生管理工作的专业精神、专业知识、专业能力和专业伦理，提高高校学生管理工作者的专业水平。

第三节　高校大学生管理人本化取向体制

教育的发展、管理制度建设的出发点就是要把学生的根本利益和发展放在首要位置，真正将"以人为本"运用到具体的教育管理实践之中。针对目前高校学生管理制度人本化缺失的问题，要从构建人性化制度着手，从促进学生全面发展的角度出发，坚定"以生为本"的信念，赋予学生应有的权力并建立健全柔性管理机制，加强高校人本化学生管理来顺应当今高校学生管理制度的需求并且弥补制度的不足。

一、坚持"以生为本"的管理理念

构建人本化高校学生管理制度，转变传统的高校学生管理思维，树立"以生为本"的管理理念，实现学生的全面发展是现代高校教育的出发点和落脚点。实现高校学生人本化管理制度是创新探索符合高校学生心理行为新特点的管理模式，是做好高校学生管理的基础和有效途径。"以生为本"的理念是人本化管理理念的题中之义，"以生为本"应以满足学生需求，促进学生发展，实现学生价值为本。"以生为本"最简单的理解就是把满足学生的需求作为学生工作的目标和核心，即做到以学生为先，把学生的培养放在高校一切工作的首要位置；以学生为重，不能因为突出科研工作、国际交流、教学质量等忽视学生管理工作；以学生为主，不仅充分尊重学生的主体地位，而且要在管理中以学生为主，让学生可以自我教育；以学生为荣，把培养高素质的学生和学生取得的荣誉看作各项工作最重要的成绩。

随着教育的发展、管理制度的改革，高校学生管理的出发点更是要把学生的根本利益和发展放在首要位置，真正将"以人为本"运用到具体的教育管理实践之中。

（一）坚持"以生为本"，构建"生本位"思维

长期以来，在高校学生管理工作中，管理者和学生这两个主体之间处于一种不平等的地位，高校往往把学生管理工作宏观地看成高校工作的一个环节，从学校利益衡量学生的管理。这就忽略了学生主体的需求，严重束缚了学生的自我意识、独立意识和主人翁的意识。

"以生为本"的管理理念，要求学生管理工作者打破传统的"以师为本"或者"以校为本"的管理理念，充分认清"我是谁"，管理"依靠谁"，管理"为了谁"。要从学生管理工作的实际——学生这个核心群体的实际出发，考虑主体的根本需要；针对学生的特点，尊重学生的权利，侧重发挥管理者的激励引导作用，特别是在保护学生合法权利上，不能以片面的集体主义牺牲学生的合法权利，而要提高对每个学生个体

的重视程度，使学生获得全面个性的可持续发展，使国家与学校的人才培养目标和学生的成长需求相结合，从而得到真正的统一。

（二）坚持"以生为本"，凸显管理型服务

现代高校管理理念普遍认为，对学生的管理实际上都是为学生的成长和发展而服务的。学生在发展的过程中需要什么样的管理，高校就应当把这种管理作为一种服务提供给学生，而不是把这种管理当作一种资本凌驾于学生之上。这种服务型管理把管理学生、教育学生和服务学生三者有机结合起来，凸显管理服务于学生的理念。

在管理制度建设、规章制度的制定上，管理者的管理实践和实施上都要摆正自己的位置，树立管理服务而不是服务管理的意识。彻底改变过去片面强调学生对整体社会的价值义务，把学生的主体价值放在社会整体价值之内，充分满足学生的生存和发展需求，促进学生个人价值实现和集体价值实现的有机统一，这既是现代教育的发展趋势，也是新形势下实现管理型服务的现实需求。

（三）坚持"以生为本"，彰显个性化发展

由于内外环境的多样化，每个学生必然存在着不同程度的差异，并且这种差异很难随着主观意志的转移而转移。"以生为本"就是要承认并尊重学生的个体差别和个性差异，顺应学生身心发展规律，因人而异，因材施教。高校大学生都是具有独立思考能力的个体，是充满朝气和活力的个体，同时这个群体也引起社会各界的高度重视并寄予厚望，因此在尊重学生个性差异的基础上，还要从整个国家和民族的高度对学生进行引导、规范和管理。

从学生个人的内外成长环境上看，其在个人认知和性格特点上都存在着差异，因此在注重学生差异化的基础上，还要对学生个人的成长道路、思想道德等进行有针对性的引导。在学习和生活当中需要让每个学生个体的思想都能在这个群体中闪光，并不强调大家的思想高度一致，相反，强调思想一致对大学的管理是非常不利的，允许思维差异甚至对立的思想互相碰撞，这样的大学才是一个有创新机制的大学。

二、更新优化学生管理制度体系

制度伦理化和伦理制度化都属于制度伦理研究的范畴。制度伦理化是指社会体制的道德性，表现为内在于一定体制的制度、法律法规、政策、条例等所分配权利和义务的公平性和合理性；伦理制度化是指人们把社会的伦理原则和道德要求提升，规定为制度，并强调伦理的制度化、规范化和法律化。无论是制度的伦理化还是伦理的制度化，对实现当代高校学生管理制度体系都有着理论意义和指导意义。

（一）制度伦理化与伦理制度化

制度伦理化与伦理制度化是制度与伦理之间关系的两种不同思维取向，前者重在对制度本身进行道德上的评判和矫正，通过内容的建构促使伦理原则和道德观念在制度中的渗透与落实；后者强调将某种社会倡导、公众认可的道德规范转变成为具有强制效力的制度。二者在管理秩序的重整与道德建设中发挥着各自不同的功能，在构建人本化高校学生管理过程中，制度的伦理化更应当成为制度优化、创新的首要选择。制度应该伦理化，不合乎伦理的制度是没有生命力的，同时，伦理也应该制度化，符合人们广泛认同的道德标准和审美取向的伦理通过制度化以后，更有利于发挥其作用。

（二）学生是高校最核心的主体，是高校服务的对象

高校的责任和义务就是帮助学生实现全面发展。当前，高校正处于全面改革的阶段，在高校学生管理制度创新的过程中要坚持制度伦理化与伦理制度化的"两手抓"。对不符合伦理规范的制度进行调整，补充符合伦理规范的新制度，这本身就是一种重要的创新。

（三）更新学生管理制度体系建设理念

1. 融入文化管理机制

在高校学生管理的实践中，全面提高学生的自我约束能力和理性自主能力是高校管理发展永恒的追求。人类的基本行为是由文化来决定

的，由于文化的变化很大，所以对人性唯一正确的判断是它的可塑性很强。人与文化的关系是密不可分的，文化可以塑造人、引导人、管理人。高校人本化学生管理就是要突出学生在学习和生活中的主动性、主体性和自觉意识。高校管理文化不仅包含育人理念、学术发展空间、办学特色等要素，也包含管理人员所形成的管理文化，每一种文化的形成都是多种文化主体互相协调、作用而成的。高校人本化学生管理最重要的目的是唤起学生的文化自觉性，用优秀的文化潜移默化地影响学生的行为，最终形成文化管理。

以文化来取代制度，并不意味着取消制度，而是制度要人文化，具有人文色彩，充满以人为本的文化温情。因此，高校学生管理制度应该与人文精神、价值观念、行为准则和道德规范融为一体，得到学生对高校的管理理念和管理价值取向的高度认同，提升学生的使命感、责任感与荣誉感，增强学校文化的向心力和凝聚力。刚性的制度管理为文化管理起到了重要的保障和支撑，文化管理使制度管理得到升华，文化管理充分体现了高校作为文化机构管理的科学化、人本化。

2. 建立柔性化管理机制

传统的高校学生管理理念强调的是对大学生的思想和行为进行严格的要求和规范，强制性特征明显。学生管理部门和管理者往往对学生采取"压"这种硬管理的方式，直接导致管理者和被管理者在情绪方面的对立。因此，要把传统的服务于管理的观念向管理服务的观念转变。建立柔性化管理机制，需要做到以下五点。

（1）要建立"以学生为服务主体"的观念，把服务学生作为出发点和归宿，想学生所想的最主要的问题，关心学生关心的最主要的问题，解决学生最渴望解决的问题。

（2）柔性化的管理机制要把激励和引导当作大学生管理的主要手段，通过制度上的激励引导学生树立远大理想抱负，专注求学，养成科学的思维方法，特别是在学生的思想"总开关"上下文章，指引学生把个人的成才梦和伟大的强国梦有机地结合起来。

（3）柔性管理机制的建立要把学生的主体创造性放在重要的位置，不能像过去那样，只谈义务不谈权利，而要明确告诉学生在校期间享有的合法权利和应当履行的义务，把权利和义务写进学校制度中并加以保护。在保护学生的权益方面，特别是在针对学生的处分决定时，要做到程序正当、证据充足、依据明确、定性准确、处分恰当，避免学生和管理者产生硬性冲突。学校对学生的处分或处理要认真贯彻《普通高等学校学生管理规定》，对于学生享有的陈述、申辩和申诉的权利，学校要有明确的程序和措施并予以保障。

（4）建立柔性化的管理机制，即要发挥学生主体能动性，变被动管理为自我管理。高校学生管理工作应当充分发挥学生的自我约束能力，变被动服从管理为主动参与管理。这种转变是民主理念的要求，也是缓解、消除高校学生管理中的矛盾和抵触情绪的重要手段。这种管理不仅促进了高校学生管理的发展，而且培养了高校学生骨干的能力素质，有助于高校学生培养自主、自立的意识，逐步消除对家庭、社会、学校的依赖，使学生在思想上得到进步。学生参与到管理中也是对管理工作理解的过程，通过这个过程，高校学生不仅得到能力素质的锻炼，更能够对制度有主观情感的转变。

（5）柔性管理机制的建立要与高校文化繁荣发展接轨。近年来，高校文化在社会文化大繁荣、大发展的背景下也呈现出多样化发展趋势，这种软性因素对学生心理和思想因素的影响也日益凸显。从正式上讲，这种文化的导向集中体现在大学精神的凝练；从非正式来说，就是存在高校各个角落的文化活动。这种蕴含在文化活动中的价值引导力，最容易被学生接受，对学生的作用力不容忽视。因此，在建立柔性管理机制的同时，应当深刻把握文化对学生产生的深远影响，特别是在西方文化侵入青年学生思想的背景下，更要在意识形态领域加强对学生的管理服务。

3. 建立制度反馈机制

及时做好学生意见的处理工作，是新时期制度改革所面临的重要任务。高校要建立健全有效的学生制度反馈机制，在信息交互和反馈的过程中，学生意见的反馈和解释直接关系到制度的合理性，关系到执行力与落实情况。学生与管理者之间可以相互表达自己的想法，倾听他人的意见，有利于达成共识并形成共同的愿景。

学校应该设立学生管理制度反馈部门，收集学生对学校管理制度的意见。高校各职能部门应将收集的信息进行分析整理，研究并制定改革方案。同时，要做到反馈及时化、经常化、规范化。学校要向学生公开学校工作计划、进程等相关内容，学生应享有对高校各个职能部门的监督权，确保高效管理制度民主化、规范化。高校要从人本化的角度对学生权利制度进行完善和重构。

（四）优化学生管理制度体系实现途径

为了进一步推进人本化高校制度建设的进程，顺应我国国情和时代的要求，应做到如下六个方面。

1. 推进政校分开、管办分离

将现代学校制度的实施进一步深化，积极探索适应我国高校实情和学生发展的管理制度。从宏观的角度上，要努力构建政府、学校、社会之间的新型关系，克服行政化倾向，改变当前我国高校的隶属关系。

2. 落实和扩大学校的办学自主权

围绕《中华人民共和国高等教育法》规定的七个方面的办学自主权，以转变职能和改变隶属关系为重点，加强高校在办学方面的选择。具体来说，要自主开展教学活动、科学研究、技术开发和社会服务；自主设置和调整学科、专业；自主制定学校的规划并组织实施；自主设置教学、科研、行政管理机构；自主确定学校内部收入分配；自主管理和使用人才；自主管理和使用学校财产和经费。同时，要大力支持高校开展国际交流合作，提高国际化水平。

3. 完善学校内部治理结构

完善党委领导下的校长负责制，形成科学有效的决策方式；完善大学校长选拔任用办法，发挥学术委员会在学科建设、学术评价、学术发展中的重要作用；探索教授治校的有效途径，加强教职工代表大会、学生代表大会建设，激发学生参与管理的内在动力，发挥群众社团的作用，积极借助社会力量加强学校的学生管理。

4. 加强大学章程建设

教育主管部门要积极落实对大学章程的审批工作；及时出台相应的大学章程报送审批制度，制定各类学校的办学标准或按学校类别出台不同类型学校的章程样稿；多种形式宣传大学章程的价值和相关理论知识，提高相关主体对大学章程的认识和建设大学章程的自觉性；要提高学生对大学章程的认识，教师要成为学校章程建设的表率；学生管理的相关主体通过多种形式加强对大学章程的认识。

5. 扩大校企合作

探索建立高等学校理事会或董事会，健全社会支持和监督学校发展的长效机制。

（1）在学校建设的物质投入方面和项目研发上，加强和企业合作促进知识的价值实现。

（2）在人才输送和学生就业方面，通过与企业合作，帮助学生树立正确的目标和价值观念。

6. 推进专业评价

鼓励专门机构和社会中介机构对高等学校学科、专业、课程等水平和质量进行评估，通过定量、定性的指标和不确定性指标的综合衡量，包括学生和家长的满意程度，学生的就业与发展情况，形成中国特色学校评价模式。

三、发挥学生在管理制度建设中的主体作用

发挥高校学生在管理制度建设中的主体作用，既是符合高校学生管理特征的现实需要，也是推进高校学生管理制度切实服务学生发展的必由之路。

传统的高校学生管理制度建设无论参与者还是制度本身的理念、内

容，都更多体现着校方意志和管理需要。随着现代高校管理理念被普遍接受和高校学生群体的自主性不断增强，传统的由管理者主导的制度建设越来越难以适应管理的现实需要。高校学生管理必须根据新时期大学生的年龄特征和心理特征，充分调动和激励学生的内在积极性、主动性和创造性，确立大学生在自我管理中的主体地位，发挥大学生在管理制度建设中的主体作用。"以生为本"的管理理念在制度建设中的体现就是要尊重学生的主体地位，尊重学生的主体地位首要就是承认学生的主体价值。学生作为社会上的人，除了要致力于实现社会的整体价值，还要实现自我的价值，这种自我价值通常表现为对其自身生存和发展需求的满足，以及对学生人权的尊重等。因此，在管理制度建设中，要充分认清并尊重这样的现实状况，不能像过去那样片面地放大集体价值的实现，过分抵制高校学生的自我价值实现。要在制度建设上尊重学生的主体地位，首要的就是实现高校学生的自我价值。

（一）推进依法治国在高校学生管理领域的落实

从法律上确定高校学生参与学生管理制度制定的权利，特别是让高校学生在涉及切身利益、敏感问题，如收费、处分等方面有充分的参与权和自由的发言权。

（二）依托学生实现学生自主化管理

学生自主化管理可以有效地减少管理主体和客体之间的冲突。陶行知说过："最好的教育是教育学生自己做好自己的先生"。说明要在制度的内容上，多给予高校学生自主管理的权限范围，真正把学生看作一个可以信赖的、能动的主体，在尊重学生意愿的基础上，实现学生的自我管理和自我发展。

（三）依靠学生构建制度建设的矫正机制

实践是检验真理的唯一标准。若要建立人本化高校学生管理制度，必须在管理实践中不断发挥学生的主体作用，及时收集、反馈制度建设存在的不足，坚持以学生的发展作为出发点。学生主体也应当在矫正机制中起到主要作用。

当前，高校在学生管理过程中最重要的任务就是要增强其管理服务意识。传统的高校学生管理制度的影响长期存在，要真正体现学生的主体意识需要彻底解放思想，要从传统的社会价值向注重学生的全面发展转变。若要学生实现自我管理的意识，就要使学生地位由传统的管理客体向管理主体转变，特别是在制度建设中充分唤醒学生的主体意识，激发他们的积极性和创造性。

四、推进学生管理的差异化与个性化

高校学生群体多样化已经成为高校最主要的特征之一，集中体现在每个学生的成长环境差异、发展需求上的差异等方面。高校学生管理的差异化与个性化要求高校在制度建设中正确把握学生的共性和个性，特别是对特殊学生群体的政策，在制度建设上应当进一步完善。对特困生群体、关系不良的学生群体、成绩落后的群体、不被重视的学生群体、待就业的学生群体、情感受挫的学生群体、意志薄弱的学生群体、适应能力差的学生群体等应当有相应的具有针对性的管理制度和措施。这些群体中存在不同程度对待高校学习生活消极被动，容易焦虑和自卑，不愿和同学相处甚至极易受到高校环境中负面因素的影响并产生悲观、绝望、无助、空虚等心理，在制度构建和管理实践中必须突出这些管理的重点和难点，全面开展大学生特殊群体普查工作，了解和掌握他们的真实情况。在加大日常管理力度的同时，还要特别注重以下两项。

（一）要健全高校学生心理疏导工作机制

高校学生中的特殊群体往往是心理问题多发的群体。另外，高校大学生在面对理想和现实的差距时，或多或少会出现失望、焦虑等负面情绪，如果自我调节无法消除这些负面情绪就容易发展成为心理问题。因此，高校学生的心理疏导工作必须立足帮助学生解决实际的、现实的困难，消除心理的困惑，使其心理和人格向健康的方向发展。

高校一方面应当建立完善的心理咨询机构，并且让这种咨询机构流动起来，服务于高校学生特别是特殊群体，主动"靠上去"做工作。另一方面应当对教师、学生管理者甚至是学生干部开展广泛的心理疏导相关培训，把心理疏导能力作为衡量高校学生工作者的重要指标。最主要的是要形成常态化的学生交心、谈心制度，及时了解学生的真实情况和实际想法；尊重每个学生的个性思想，立足尊重和促进学生的全面发展，做好心理服务工作。

（二）创造良好的人际氛围

高校有自己独特的文化和环境，人际氛围是由学生群体创造的，也影响着每一个高校学生。和谐、友爱、平等的人际氛围，不仅能陶冶学生的情操、开阔学生的胸怀，而且能消除和缓和人际交往上的矛盾。高校必须从思想上宣扬主旋律，把提高学生的道德水平作为基础，营造互帮互助、民主平等、宽以待人的人际交往氛围，消除学生群体之间的隔阂，消除特殊学生群体的孤立感。

五、完善大学生的维权机制

由于高校学生的利益纠纷往往围绕着校内活动与生活产生，因此高校学生的维权机制也应当立足于校内。在高校学生维权机制的构建中，虽然各个要素的地位和作用不同，但是在整个机制运行过程中，每个要素之间都存在着非常紧密的联系，每个要素都体现着整个维权机制的综合作用和功能，都是为了最大限度地保障高校学生的合法权益。

（一）要明确大学生维权机制的主体

进一步明确高校学生的权益由谁来维护，最要紧的就是明确高校学生在高校中的地位及学生和高校之间的关系。高校应当主动承担维护学生合法权益的义务，不能像管理企业、教师、军人那样去管理高校学生，也不能把学生当作社会中的一般群体对待，更不能忽视、漠视高校学生的任何一项权益。作为学生管理者，不能把学生的管理当作一种简单的制度维护，必须时刻记住自己是学生的服务者，是学生权益维护的第一责任人，高校的各个部门对学生的权益都有保护的义务，特别是不能因为学校的利益忽视学生的利益，为了部门利益侵犯学生的利益。

学生是权利的主体，也是自身权利的维护者之一，既要明确、正确对待自己的权利和义务，不能容许权益被侵害，也不能因为维护自己的权益而侵害学校或者其他学生的合法权益。

（二）要对相关制度进行维权

高校学生维权制度的建立是完善高校学生维权机制的关键。制度是高校学生维护合法权益的硬件，维权机制是高校学生维护合法权利的软件，只有软硬件相结合才能切实保护好高校学生的合法权益。只有建立维权相关制度，高校学生的维权工作才有依据，才能有根本的保障，才能长期坚持下去。

从现实上看，大学生的维权仅停留在学生代表大会、校长信箱之类的反馈上，而不是在涉及学生权益时的介入，特别是在维权制度建设上基本处于空白，因此大学生维权制度建立的迫切性远远超过其他群体的维权制度。我国高校应当参考国外高校的一些做法，在坚持完善原有内容的基础上，建立学生参与高校管理制度，让学生作为一个独立的群体参与高校各项规章的制定，特别是在涉及学生相关利益的问题上，保证学生全程参与。

要建立监督制度，赋予学生权利来监督高校方方面面的建设，必要时应当建立社会舆论媒体监督高校的渠道。特别是在高校处分学生的时候，让学生充分介入。此外，还应当建立相关的保护性援助制度，保证学生在接受处理的过程中有依据为自己辩护，有地方为自己寻求帮助。

（三）要建立维权的传感体系

信息之间的有效传递是维护高校学生利益的重要保障，不但能在侵犯学生利益的行为发生时采取有效的措施制止，而且能够在必要的时候给予帮助和挽救。此外，高效的传感体系能够将种种矛盾逐步反馈，避免量的积累达到质的变化。在维权机制尚未健全的过程中，高效的传感机制的作用是不可替代的。既要在学校的党政组织内建立传感体系，又要在学生组织中建立，并且要实现两个系统之间的有机结合。

高校要努力形成以学生为主、为学生服务的意识，让学生有地方说出自己的想法；要加强高校学生维权的意识和责任，不但能大胆说出自己的想法，而且要保证信息的真实性和客观性。有效信息的传递是维权工作变被动为主动的重要途径，也只有建立高效的传感体系，维权工作才能落实到每个学生的身上。

第三章

高校大学生心理健康教育管理

第一节 大学生心理健康教育概述

一、大学生心理健康的内涵

健康不仅指没有疾病或躯体正常，还要有生理、心理和社会适应方面的完满状态。由此可见，身心平衡、情感理智和谐是一个健康的人的必备条件。

所谓心理健康，就是在智力正常发展的基础上，个性心理结构协调，能与外界环境适合、融洽，行为、反应符合各自一定的社会角色，从而人格完整、情绪乐观愉快的状态。心理健康是一种心理状态，而且是一种非绝对、非静止的现象或状态，它是相对的、变化的，是与非健康甚至心理疾病界限模糊的一种状态。只要主体的内心世界是处于平衡与稳定的，面对外部环境能以社会认可的方式去适应，符合常态与规律，处于良好的发展态势，即可视为心理健康。

据此可以认为，所谓大学生心理健康，是指大学生的心理特征符合自己的身份和年龄，心理能力能满足自己学习、生活与工作的需要，个性心理能适应自己所处的环境并处于积极发展的态势。大学生心理健康教育，是指教育者有计划、有组织地帮助大学生了解心理健康的知识理论，掌握实现心理健康的途径与方法，学会对不健康心理进行调适与矫治，从而促进大学生的身体、智能、情感、意志、个性、行为等发展到最佳状态所进行的全部实践活动。大学生心理健康教育工作涉及教育机构和部门、教育工作者（教师、管理人员、心理咨询人员等）、受教育者（大学生个体或群体）、心理健康教育内容、心理健康教育的途径和方法等多个因素与环节。

二、大学生心理健康的标准

（一）智力正常

智力是指一个人认识能力与活动能力所达到的水平，是人的观察力、注意力、记忆力、想象力、思维力、创造力和实践活动能力的综合。智力正常是大学生学习、生活与工作的基本心理条件，也是适应周围环境变化所必需的心理保证，因此，衡量的关键在于是否正常地、充分地发挥了效能，即是否有强烈的求知欲，是否乐于学习，能否积极参与学习活动。

（二）情绪健康

情绪是人对客观事物态度的体验，是人的需要得到满足与否的反映。因此，良好、稳定的情绪是心理健康的重要指标。大学生情绪健康应包括：①愉快情绪多于负面情绪，乐观开朗，充满热情，富有朝气，满怀信心，对生活充满希望；②情绪较稳定，善于控制与调节自己的情绪，既能克制又能合理宣泄，使情绪的表达既符合社会的需求，也符合自身的需要；③情绪反应与环境相适应。

（三）意志健全

意志是人在完成一种有目的的活动时所进行的选择、决定与执行的心理过程。意志健全者在行动的自觉性、果断性、顽强性和自制力等方面都表现出较高的水平。意志健全的大学生在各种活动中都有自觉的目的性，能适时地作出决定并运用切实有效的方式解决所遇到的问题，在困难和挫折面前，能采取合理的反应方式，能在行动中控制情绪和言行，而不是盲目行动、畏惧困难、顽固执拗。

（四）人格完整

人格指的是个体比较稳定的心理特征的总和。人格完整是指有健全统一的人格，即个人的所想、所说、所做都是协调一致的。人格完整有两个特征：一是人格结构的各要素完整统一；二是具有正确的自我意识，不产生自我同一性混乱，以积极进取的人生观作为人格的核心，并以此为中心，把自己的需要、目标和行动统一起来。

（五）自我评价正确

正确的自我评价是大学生心理健康的重要条件，大学生通过自我观察、自我认定、自我判断和自我评价，做到自知、恰如其分地认识自己，摆正自己的位置。既不以自己在某些方面高于别人而自傲，也不以某些方面低于别人而自惭，能够自我悦纳，喜欢自己，接受自己，自尊、自强、自制、自爱适度，正视现实，积极进取。

（六）人际关系和谐

良好而深厚的人际关系是事业成功与生活幸福的前提。其表现为：乐于与人交往，既有广泛而深厚的人际关系，又有知心朋友；在交往中保持独立而完整的人格，有自知之明，不卑不亢；能客观评价别人和自己，善取人之长补己之短，宽以待人，乐于助人，交往态度积极，交往动机端正。

（七）社会适应正常

心理健康的人能够做到面对现实，接受现实，并能够主动地去适应现实，进一步地改造现实，而不是逃避现实；对周围事物和环境能作出客观认识和评价，并能与现实环境保持良好的接触；既有高于现实的理想，又不会沉湎于不切实际的幻想与奢望；对自己的能力有充分的信心，能够以有效的办法应对生活、学习、工作中的各种困难和挑战，毫不退缩，还能够根据环境的特点和自我意识的情况，努力进行协调，改变环境适应个体需要或改造自我适应环境。心理不健康的人往往以幻想代替现实，不敢面对现实，没有足够的勇气去接受现实的挑战，总是抱怨自己生不逢时或责备社会环境对自己不公，因而无法适应现实环境。

（八）心理行为符合大学生的年龄特征

在生命发展的不同年龄阶段，人们都有相对应的不同的心理与行为表现，从而形成不同年龄阶段独特的心理与行为模式。心理健康的人应具有与同年龄段大多数人一样的心理与行为特征。如果一个人的心理和行为表现与同年龄阶段的其他人相比，存在明显的差异，一般就是心理不健康的表现。大学生是处于特定年龄阶段的特殊群体，应具有与年龄和角色相应的心理行为特征。

三、大学生心理发展的特点

（一）智力水平达到高峰阶段

一个人的智力是随着年龄的增长而发展的，一般在 18～25 岁间达到顶峰。作为处于青年中期的大学生正处在这样的年龄阶段，因而智力的发展也逐渐达到了最佳水平。

1. 辩证逻辑思维迅速发展

大学生随着知识的积累和实践经验的丰富，抽象概括能力逐渐提高，已能够对不同事物进行比较全面的认识和分析，并加以对比，把握事物间固有的、内在的、本质的联系，从而抓住事物发展的某些规律。

2. 思维的灵活性和敏锐性迅速发展

在思维方向上，大学生能够从不同的角度利用不同的方法思考问题。在认识的过程中，大学生能够运用所学的知识，综合地对问题加以分析。就思维的敏锐性而言，大学生对新事物、新问题敏感性强，并容易接受。

3. 具有思维的独立性和批判性

随着知识的积累、思维能力的提高与视野的开阔，大学生的独立思考能力迅速发展，他们开始用怀疑和批判的眼光来看待周围的人与事，不满足前人或书本上的结论，喜欢怀疑、探索，并经常提出一些新奇的想法。

4．思维出现创造性

大学生由于积累了一定的知识经验，善于独立思考，思维活跃且富于想象，所以常能提出一些新的见解，思维中出现了更多的创造性成分。他们能够采用发散性思维方式，对同一个问题提出多种构想，并从不同的方面展开论证，以求多种答案，他们不喜欢"统一模式"，总想"标新立异，与众不同"，这种思维倾向能够促进创造性的发展。

（二）情绪、情感日益丰富

一般地说，高等学校大学生的活动领域扩大了，生活更加丰富多彩，多样性的需要和体验产生了丰富复杂的情绪情感。另外，情感是与一个人的世界观、知识水平和道德修养密切联系的，大学生这方面的进步，也能推动情感的发展。

大学生对情绪和情感的自我调节与自我控制能力逐步提高，表达情感的方式具有了间接性和内隐性特点。大学生不再像中小学生那样，总是以直接的、开放的方式表达情感，而是根据具体条件，选择一定的方式表达情感。他们学会了掩饰自己的内心体验，能够做到对其厌恶的事物表现得无所谓，对其喜欢的事物表现得无动于衷。

大学生情感日益丰富，高级社会性情感迅速发展，这类情感包括学习科学技术过程中形成的理智感、集体生活过程中形成的道德情操、人与人交往过程中形成的友谊和爱情、文化娱乐生活过程中形成的美感、政治生活过程中形成的政治责任感等。

（三）自我意识逐步成熟

自我意识包括自我认知、自我体验、自我控制等。大学生的自我意识一般表现为如下特点。

1．自我评价有了较高的客观性、连续性和稳定性

大学生自我评价同自己的客观实际比较接近，高估或低估现象逐渐减少。他们进行自我评价的方式有三种：一是能够从多个角度认识自我，明确自身的优缺点，进而有一个客观的自我评价；二是能够通过与

他人的比较，从而认识自己的优势和短处；三是能够从自身的成长过程中，纵向观察、分析自己的进步速度。这些自我认识的方式表明，大学生的自我评价已经具有了客观性、连续性和稳定性的特点。

2．自我体验深但不稳定

社会对大学生的要求及大学生自身身心的发展，促使他们经常在各种场合反思自己，对自己的发展及社会地位的日渐关心，使大学生对自己的一切行为举止极易产生强烈的内心体验，但由于其自我体验有着较强的情感性，所以不够稳定。

3．自我控制的水平明显提高，但有时还容易冲动

大学生基本能按照自己的理想和追求规范自己的行为，并能逐渐以社会标准和社会要求调节自己的行动，自我控制能力大大提高，但从总体上看，由于他们社会经验少、阅历不深，对一些重大问题往往不如成年人那样沉着，比较容易冲动。

（四）意志品质不断发展

意志是人们自觉克服困难、完成预定任务的心理过程，是人的能动性的突出表现形式。大学生在完成学习任务和其他实践活动过程中，发展了各种优良的意识品质。

1．意志行动具有比较明显的目的性

大学生在行动时，能够意识到自己行为的目的，并自觉地进行有意志的行动。

2．克服困难的毅力不断增强

他们大多数能够克服来自内部和外部的障碍，以顽强的意志力和持之以恒的态度战胜困难。

3．意志行动的社会性不断提高

随着大学生社会化的不断深入，他们的生活准则和生活目标更多地倾向于社会的需要与要求，更多地与社会目标结合起来，形成意志行动明显的社会性倾向。

（五）人生观基本形成

人生观是对人生的基本看法和态度，是一种最高级的心理现象。大学时代是人生观形成并稳定发展的时期，大学生人生观形成有两个突出特点：一是自觉探讨人生问题。二是对人生问题的探讨更具有哲理性。大学生具有了一定的知识和社会经验，思维水平有了很大提高，对人的本质、作用和人生哲学等问题，喜欢从理论上通过论证去寻求答案，而不满足于人生问题的一般描述和泛泛之谈。他们探讨人生问题的方式一般有三种：一是个人独立思考，有些人把思考的过程和结果用日记形式进行概括性整理；二是相互讨论和辩论，这种讨论有时候会把人生问题的探讨推向更广阔的知识领域；三是阅读有关人生问题的理论著作、名人传记和文学作品，从中受到启迪，得到答案。

四、大学生心理健康教育的意义

大学生正处在人生发展的重要阶段，面临着学习、交友、恋爱、就业、成长等种种问题，他们渴望成才，追求卓越。良好的心理素质是成才的基础，拥有健康的身心是他们成人、成才、成功的重要保证。而心理健康教育是培养大学生良好心理素质的有效方式，所以，要进一步提高对大学生进行心理健康教育重要意义的认识。

心理健康教育作为一种制度化的育人活动，其特定的工作范围在心理领域。心理健康教育只有把"育心"作为自己的立足点，才能得到学生和社会的认可。大学生对心理健康教育的主观评价呈现如下特征：丰富了心理健康知识、了解心理素质的重要性、提高挫折承受能力、正确认识自己和他人、学会情绪调节和增进人际交往等。人的心理健康状态从有严重的心理疾病和心理障碍到心理的亚健康、健康，呈现出一种连续的过渡状态，可分为多个层次。高校心理健康教育就是要把大学生的心理健康水平不断地由较低层次推向较高层次。由此，可以把心理健康教育的基本功能划分为三个不同的层次，即初级功能——预防心理疾病，缓解心理压力；中级功能——优化心理品质，提高调节能力；高级功能——充分开发潜能，促进人格完善。通过科学的心理健康教育，可以改善和优化大学生的认知结构，使他们正确认识自己的情绪和情感，学会情绪调整的方法，保持积极乐观的心态，提高大学生自我认识、自我管理、自我教育的能力。高校心理健康教育又是改造人的主观世界的工作，无论是哪种具体的心理健康教育方式，其作用过程都发生在教育对象的心理领域；无论是何种模式的心理健康教育，都要重建或改善教育对象的精神生活。这样，高校心理健康教育就不可避免地对学生的世界观、人生观和价值观产生影响。因此，引导学生树立正确的世界观、人生观和价值观，促进学生良好思想道德素质的形成，也是心理健康教育的重要职责。

同时，加强大学生心理健康教育工作，有利于解决大学生心理发展过程中的矛盾。

第一，有利于解决大学生闭锁性心理与交往需要之间的矛盾。由于大学生的社会知觉和情绪体验更关心别人与自己的内心世界，在分析别人的活动时，更多地着眼于思想、情感和个性品质，并借助对别人的分析来认识自己的心理品质，从而意识到自己的思想、情感与他人的区别。自己具有了特殊的不同于他人的各种生活体验，这种思想和情感体验又不能轻易地向不了解自己的人透露，而且思想情感越成熟，自尊心越强，就越能感到自己的心理特点与别人存在着差异，使他们感到没有知心人可以谈心或倾吐真情，就把自己的内心感受隐藏起来，以致产生孤独感，因而产生了闭锁性心理。但是他们又迫切期望与人交往，希望得到成人的帮助或与同龄的知心朋友交流思想、感受、愿望和理想，于是形成了一对矛盾。针对这一矛盾，教育工作者可以通过开展心理健康教育，细心观察大学生心理的变化，充分了解他们的思想情感及年龄特点，及时给予帮助和指导，做学生的良师益友，既帮助学生度过了这一特殊时期，又提升了教师的威信。

第二，有利于解决大学生求知欲和识别力之间的矛盾。大学生渴求知识，求知欲强烈，对社会领域或自然环境领域中的一切都感到新奇，都想了解和探求究竟。但是由于辨别力低，有时分不清哪些是积极的、有益的，哪些是消极的、有害的，以致良莠不分，把错误的事物也吸收进来，这样就产生了求知欲强和识别力低之间的矛盾。针对这一矛盾，教育工作者通过开展心理健康教育工作，教导大学生要勤学多思，增加判别力，特别是对课外读物（包括网络方面内容），要用正确的观点对其内容进行分析，取其精华，去其糟粕；还要帮助他们培养自制力，使他们学会控制自己、约束自己的行为。

第三，有利于解决大学生情绪与理智的矛盾。大学生的情绪很容易激动，容易感情用事。但是，当激动的情绪平静下来时，他们在理智上完全能清晰地分析问题，这说明当他们的认知与需要不一致时，理智上知道怎样行动，但不善于处理情绪与理智之间的矛盾，不能坚持正确的认识，难以控制自己的情绪。针对这一矛盾，教育工作者通过开展心理健康教育工作，教育大学生要正确地对待别人的进步和荣誉，培养宽阔的胸怀；正确地估计自己的优缺点，取长补短；处理好人际关系，发扬集体互助精神。

第四，有利于解决大学生理想的"我"与现实的"我"之间的矛盾。大学生的抽象逻辑思维发展到一个新的水平，这种思维能力使大学生能从现实的具体条件出发，把自己所获得的感性印象，抽象地、概括地反复思考。同时，由于大学生对未来的热烈向往，想象比较丰富，往往离开现实条件构想自己未来的前景，这样，就形成一个理想的"我"。远大的理想为大学生的生活指明了奋斗目标，但是理想中的"我"与现实中的"我"不一定完全相符，当他们感到达不到自己理想时，就与现实发生矛盾。如果他们对这一矛盾不从自己本身的思想认识、智力特点考虑，就会把这种不切实际的幻想夸大，进而对现实不满。针对这一矛盾，教育工作者通过开展心理健康教育工作，引导学生更多地参加实践活动，给他们安排各种表现自己能力的机会，使他们通过活动了解自己的优缺点，认识自己在一定的集体或社会活动中的地位，缩小理想与现实的距离，从而获得对自己的正确认识。提高或降低学生的抱负水平，对抱负过高的学生，可适当降低他们的抱负水平，使他们的自我评定与现实的可能性联系起来；对抱负过低的学生，可适当提高他们的抱负水平，帮助他们克服困难和阻力，提高学习成绩，增强学习信心，培养勇于和各种困难作斗争的精神。

第二节　大学生心理健康教育的原则

如同其他教育工作一样，心理健康教育也是一项复杂的系统工程，具有很强的科学性、知识性、专业性和技术性，在实际开展过程中，必须采取科学的方法和态度。为了使心理健康教育工作能顺利开展并取得预期成效，应遵循以下基本原则：第一，根据教育对象的心理发展特点和身心发展的规律，有针对性地实施教育；第二，面向全体受教育者，通过普及心理健康知识，开展心理健康教育活动，提高他们对心理健康教育的认识，使心理素质逐步得到提高；第三，关注个别差异，根据不同对象的不同需要，开展多种形式的教育和辅导，提高他们的心理健康水平；第四，尊重教育对象，充分启发和调动他们的积极性；第五，把心理健康教育研究与心理咨询辅导实践有机地结合起来。这些基本原则可细化为以下五个具体原则。

一、坚持普遍性与特殊性相结合

心理健康教育是以提高全民族素质为宗旨的教育，是着眼于受教育者及社会的长远发展，培养良好的心理素质，促进身心全面和谐发展与素质全面提高的教育。需要强调的是，心理健康教育不是医疗卫生部门的心理咨询与治疗，它不仅要帮助那些有焦虑、抑郁、厌学等心理障碍的个体，而更应是面向全体受教育者的普遍性的教育活动。因此，就学校心理健康教育而言，必须坚持以全体学生为教育对象。面向全体学生的心理健康教育，既可以是面向全体学生的授课或讲座，广泛普及心理健康的基本知识，也可以是各种形式的心理健康教育活动，使学生在心理困扰产生初期，就能够及时解决问题，以减少心理与行为问题的发生率，提高学生整体的心理健康水平。

不同个体在能力、性格、兴趣、家庭背景等方面都存在明显的差异，这就是常说的心理的个别差异。心理的个别差异不仅表现在个体间可能具有不同的心理特点，而且表现在同一特点在不同人身上有不同的发展水平。正因为不同个体在心理上存在个别差异，所以开展心理健康教育必须注重不同个体的特殊性。具体来说，对不同群体进行心理健康教育时，应考虑以下几方面的特点：一是年龄特点。例如，不同年龄阶段的青少年具有不同的身心发展特点。小学生的思维发展处于从具体形象思维向抽象逻辑思维过渡的阶段，具体表现为低年级儿童抽象思维能力开始发展，但具体形象思维还占相对优势。到了中、高年级，随着知识经验的积累，儿童逐渐掌握了越来越多的概念、规则，其抽象逻辑思维也有了较快的发展。教师可以向他们传授一些寓意较深的抽象概念，但在解决复杂问题时，他们还需要借助感性直观经验的支持。二是个性特点。每个人的成长历程不尽相同，个性特点也是千差万别的。如有的人自尊心较强，稍重一点儿的批评就难以接受，会伤心难过很久；有的人则满不在乎，大大咧咧，往往把批评当作耳旁风。作为教育者，除了要把握教育对象共同的年龄特点外，还要争取了解他们每个人的独特之处。只有具体了解每个学生的个性特点，针对不同的个性特点进行心理教育，才能收到"对症下药，药到病除"的效果。每个人的能力是不一样的，各有所长，也各有所短。这里所说要根据个体的行为特点来进行教育，是指要充分发挥他们各自的优势，帮助他们弥补不足，对具有不同心理特点的教育对象，采取灵活多样的方法。

二、坚持科学性和艺术性相结合

科学的精神就是客观、实事求是和不断追求进步的精神。学校心理健康教育的科学原则即学校心理工作本身有高度的客观性，对于所协助的对象，从不做任何期望或要求，而只是以透彻的观察来了解学生所面临的问题。换句话说，在得到全面了解之前，决不靠任何既有的理论或过往的经验来判断当前所面对的人或事，不抱成见，不轻下判断，这既是科学的原则，也是学校心理服务的原则。

心理教育工作既是一门科学，也是一门艺术，心理健康教育的艺术性体现在工作过程中要把握尺度，针对不同问题，进行个性辅导，同时在辅导过程中，掌握心理辅导的不同方法，包括环境布置的艺术、倾听的艺术、语言的艺术等。

三、坚持引导与共情相结合

学校心理咨询工作多数涉及适应与发展、自我意识、人际沟通、学习问题、情绪调节、择业与就业等方面。心理健康教育过程中，针对学生的心理问题，既要引导教育，又要与学生感同身受，做到真诚与尊重。

四、坚持教育与自我教育相结合

既要发挥教师的教育辅导作用，又要以学生为主体，充分启发和调动学生的积极性。在进行心理健康教育的过程中，教育者必须根据受教育者的具体情况，提出积极中肯的建议，始终注意培养他们积极进取的精神，帮助他们树立正确的世界观、人生观和价值观。心理健康教育是社会主义精神文明建设的重要组成部分，要充分体现社会主义精神文明的特征，以及它的时代性和进步性。因此，针对受教育者在学习、生活、交往中的矛盾冲突所引起的种种心理问题，以及由此产生的对社会中的人与事的不满言行、错误观点甚至敌对情绪，教育者应该进行实事求是的分析，明辨是非，帮助他们端正看问题的角度，调整看问题的方法，建立积极向上的思维方式，使他们在发展良好的心理素质和排除各种心理困扰、解开心理问题症结的过程中，不知不觉地受到辩证唯物主义思想的启迪和社会主义人生观的教育。

同时，高校的心理健康教育是大学生人格完善的外因，而大学生自我心理健康教育才是其心理健康和人格完善的内因。自我心理健康教育是主体通过各种方式，满足自己的心理需要，促进心理发展，维护心理健康，完善人格品质的活动。其意义在于尊重大学生的主体地位，体现以人为本，满足大学生的心理需要，发挥大学生的自觉能动性，增强心理健康教育的实效性。针对当前大学生心理健康教育现状，应该注重学生自我发展的问题，通过强调自尊、自我效能感、复原力及自我教育能力在自我教育中的作用，重点着眼于启发和发展学生自我教育意识与能力。

五、坚持预防性与发展性相结合

既要普及心理健康知识，预防心理问题的发生，又要对有心理问题的学生进行辅导，还要从学生身心健康发展的角度出发，开展教育活动。一般来说，心理健康教育有两类功能：初级功能是预防、矫治各种心理与行为问题，该功能局限于心理危机处理、社会适应的协调方面，其内容、方法一般涉及心理咨询和心理治疗范畴。高级功能是发展性功能，即协助受教育者在其自身和环境条件许可的情况下，达到心理功能的最佳状态，心理潜能得到最大程度发挥，人格得到和谐发展，生活、社会适应良好。从初级功能角度考虑，应坚持预防重于矫治。如果能预见到可能出现的种种心理问题，就应该设法消除引发问题的各种隐患，提升相应的解决问题的能力，这无疑比等到出现了心理与行为问题再进行治疗更为有效。但对于心理健康教育来说，更重要的是实现其高级功能，即发展性功能。其实，大部分受教育者，特别是青少年学生的心理问题与其发展的阶段有密切关系，即这些问题是在自身成长过程中伴随出现的，它们不同于个体的心理障碍。因此，心理健康教育应该将重点放在发展性功能的实现上，以受教育者成长发展的需要为出发点，帮助他们解决其成长过程中遇到的问题，如交往问题、情绪问题、社会适应问题等。对个别有心理障碍的教育对象，如多动症、焦虑障碍或学校恐怖症患者，则可请有专业经验的咨询或治疗人员诊治。相应地，在具体方法上，心理健康教育以面向全体受教育者的讲座、团体活动等形式为主，广泛普及心理健康的基本知识，同时也应有针对个别学生的心理咨询和辅导。其实，心理健康教育发展性功能的实现反过来也有利于预防心理危机。

第三节　大学生心理健康教育的途径与方法

一、转变观念，正确认识心理健康教育

（一）破除心理健康教育的误区

当今时代比以往任何一个时代都更需要健康、优良的心态，当代青年大学生应当成为能够充分适应未来社会的具有良好心态的优秀人才。在大学生成长成才的过程中，心理素质在很大程度上左右着大学生才能的积累和才干的发挥。优良的心理素质是造就跨世纪英才的基础。在相当长的一段时期内，人们的教育观念有偏差，认识上存在片面性，没有认识到心理素质对人才成长发展的重要性。时至今日，还有许多人认为只有精神病人才需要看心理医生。不少大学生依旧只强调自身的思想政治素质、科学文化素质，忽略心理素质，只重视自身的生理健康，忽视心理健康。许多大学生认为成才的关键因素是强壮的身体、聪明的大脑

和有专业特长，而很少有大学生认为必须具有健康的心理和健全的人格。一些有心理障碍的大学生不愿意去寻求心理咨询的帮助，认为到心理咨询中心去没面子，即使咨询，大多数也是通过电话进行。大学生靠寻求心理帮助来摆脱困惑、主动进行咨询的为何非常少？他们又为何不愿进行面对面的心理咨询呢？就目前的情况看，大学生对心理问题和心理疾病在认识上存在偏见，其对自身的心理问题和心理疾病存在不科学的认识，有的学生根本没有意识到自己有心理问题，往往将自己的心理问题和疾病归结于心情不好、一时的不快和冲动等。学生因为成长过程与现实环境不适应而导致的心理不平衡是一个现实存在的问题。因此，大学生必须学会理性地认识心理健康问题，更新健康观念和素质观念。

（二）转变心理健康教育观念

思想观念的转变是新生事物得以出现并发展壮大的先决条件。大学生心理健康教育是随着社会的进步、经济的发展而出现的教育活动，是一个新的领域，要得到进一步发展，必须依赖广大教职员工和学生观念的转变。要改变心理健康教育只是针对少数问题学生，而不是针对全体学生的片面认识。在心理教育的实际工作中，针对少数心理和行为"有问题"的学生而忽视绝大多数发展正常的学生，这是非常错误的做法，因此心理健康教育应当采取教育为主、治疗为辅的工作模式。它不是哪一个部门或者几个心理健康教育工作者的事情，而是学校全体教职员工和学生的共同任务，心理健康教育应该纳入学校的整体教育之中。高校应切实加强心理健康教育的宣传，各部门要积极配合支持，使心理健康教育渗透到学校工作的各个层面，确保心理健康教育事业得到顺利发展。

二、建立和完善大学生心理健康教育的领导机构与工作机制

（一）建立大学生心理健康教育工作的领导机构

各高等学校要成立大学生心理健康教育工作领导小组，由主管学生

德育工作的党委副书记或副校长任组长，并明确职能部门具体负责协调和组织全校心理健康教育的教学、科研以及辅导或咨询工作。要在学生工作系统设立大学生心理健康教育和心理咨询工作的专门机构，配备专职专业人员，具体负责组织实施大学生心理健康教育，切实做好心理咨询工作。各高校要成立以主管学生工作的党委副书记或副校长为组长、各职能部门和院（系）学生工作负责人为组员的校大学生心理健康教育领导小组，成立校大学生心理健康教育中心，挂靠在学生工作处（部），隶属于学生工作处（部）管理。中心负责全校大学生心理健康教育工作的计划、部署、实施和督查，这样可以从领导和组织制度上保证大学生心理健康教育的顺利开展。

（二）完善大学生心理健康教育工作机制，建立校、院（系）、学生三级教育网络

大学生心理健康教育是一项系统工程，各高校要努力构建以心理健康教育中心咨询与辅导和心理健康教育课堂教学为主渠道、主阵地的各部门齐抓共管的心理健康教育的工作机制，学生管理部门要抓，党委和共青团组织要抓，教学和科研部门也要抓，只有齐抓共管、互相合作，才能推进心理健康教育的良性发展。同时，建立一个课内与课外、教育与指导、咨询与自助紧密结合的多层次心理健康教育工作体系，形成校、院（系）、学生三级心理健康教育网络。

一级教育网络是以高校大学生心理健康教育中心为依托，配备一定心理咨询专业知识与技能的专兼人员，负责组织协调全校的学生心理健康教育工作，主要负责开设心理健康教育课程，组织实施心理普查，开展专业心理咨询服务，组织进行危机干预，对全校各院系心理健康教育工作进行指导等。

二级教育网络由院（系）心理健康教育专干组成，主要由经过心理咨询培训的学生工作干部（辅导员、班主任等）担任辅导人员，负责帮助学生解决在日常学习、生活、交往、适应和发展等方面面临的一般性问题。因为学生工作干部与学生朝夕相处，对学生的家庭状况、个性特

点、学习情况、人际关系状态和思想状况都比较清楚。所以，学生工作干部在学生心理健康教育中可以而且应该担任重要角色。经过一定的心理咨询培训，再加上他们所具有的丰富的思想政治教育工作经验，学生所面临的一般性心理问题和发展性问题，在日常思想政治教育过程中是能够全部或部分解决的。

三级教育网络是以大学生自助中心为主体，由学生骨干组成的自助系统，其任务是普及心理健康知识，反馈学生心理健康方面的信息。在学生中开展"自助、互助、助人"活动，每一名大学生都生活在学生群体之中，他们之间接触较多，相互之间比较了解，彼此没有多少戒备心，愿意交流思想，袒露心声。有些心理问题通过同学之间谈心和相互帮助，很容易就能得到缓解或解决。因此，在大学生中建立一种互助机制，对于减少心理问题的发生和控制心理问题的发展非常重要。

三级教育网络职责清晰，分工协作，从横向覆盖了全校学生，从纵向覆盖了学生面临的各个层次的问题，并将心理健康教育有机地融入日常学生思想教育与管理过程中，为有效实施大学生心理健康教育工作提供了有力的组织保证。

三、以心理健康课程教学活动为主要阵地，大力宣传普及心理健康知识

心理健康教育课程教学活动是培养和提高学生的心理品质、开发大学生心理潜能、帮助大学生解决成长中的各种心理困惑的心理健康教育形式，是获取心理学知识和掌握心理调适方法的有效途径。开展心理健康课程教学活动主要包括以下三个方面。

（一）开设心理健康教育课程

在高校开展心理健康教育课程，其途径应该是多元化的，其中最常见的是开设心理学必修和选修课程。开设这类课程的目的在于增强大学生的心理健康意识，以促进其心理上的健康成长。心理健康教育课程主要有以下两类：一是"青年心理学""社会心理学""大学生心理健康教

育""咨询心理学"等具有普遍意义的大学生心理健康教育课程，内容包括大学生心理健康的概念、自我意识、情绪调节、人际交往、择业心理等与大学生学习、生活密切相关的方面，注重理论与实践相结合；二是讲授自我调节的基本知识，如自我放松、转移注意力、自我宣泄等方法和技巧，使他们掌握正确的心理健康理念，实现自我帮助，维护心理健康。

（二）发挥非心理学学科的渗透作用

心理健康教育是高等教育中的一个重要组成部分，它不能脱离学校的教育教学工作。要使心理健康教育落到实处，必须建立一个以提高大学生心理素质为各科教学的核心目标的教学体系，该教学体系要以心理健康教育为主线，使其与其他学科课程和活动课程紧密结合，相互促进，协调配合。把心理健康教育渗透到各科教学之中，不仅有助于提高大学生心理素质和心理健康教育水平，还有助于改善各科教学的现状，实现二者的双赢。通过思想文化课的教学，可以帮助学生获得处理人生的智慧。在大学生的素质教育当中，思想政治素质是根本的灵魂，文化素质是基础。思想文化课不仅能提高大学生的思想政治素质和文化素质，而且对大学生的心理素质的提高也起着很大的促进作用。而通过艺术类课程的教学，可以培养大学生的审美爱好，拓展大学生的生命空间。随着学习竞争的激烈，大学生的活动范围往往局限于"三点一线"，这种狭窄的活动空间使学习生活变得单调、枯燥，与青年人的性格极不协调。因此，可以通过艺术类课程的教学，使大学生获得美的享受，以拓展生命空间，从而消除知识经济时代所面临的各种心理疾患。

（三）发挥实践活动课程的渗透作用

21世纪是人类生存和发展面临激烈竞争的时代，是高度智慧化的时代。人类的智慧无处不在，与人交往就是一种智慧活动。交友是一种交往，求职是一种交往，谈判是一种交往，商业营销也是一种交往，其中无不充满智慧。在高速发展的信息时代，任何创新性的工作或研究都需要随时捕捉新的信息。因此，21世纪的人才必须具有与人合作的意识，学会与人交往，学会在新的环境下适应新的角色，这是事业成功的前提。人类的心理适应，最重要的就是对人际关系的适应。也就是说，人际关系紧张的人，不但事业受阻，而且心情不好。心理疾病对一个人的折磨在很大程度上不亚于躯体疾病，心理疾病还可能导致躯体疾病。

此外，人际交往中情感的输入输出，还可以使个人的安全感得以增强，乐观的生活态度和较强的心理承载力也能由此建立，而这一切通过书本是学不到的，必须通过交往实践获得。好的人际关系可以带来好心情，好心情可以激发人奋进，并永葆青春。

诚然，进行心理健康教育的途径和形式是多种多样的。在教学过程中，要充分利用一切手段，对大学生进行心理素质培养，高校要根据本校的实际和学生的特点，多渠道地组织开展"三下乡"等社会实践活动，既可以采取实地考察，也可以采取做报告、对话研讨等多种形式，使大学生通过广泛的社会实践，不断提高心理素质水平，以适应知识经济时代发展的需要。

四、心理健康教育与思想政治教育紧密结合

高校心理健康教育与思想政治教育工作有不同的形式、不同的内容、不同的要求和不同的方法。它们遵循各自不同的规律和原则，前者立足于解决大学生的心理问题，后者立足于解决大学生的思想政治观念问题。但高校心理健康教育与思想政治教育又不是完全对立的，二者互相关联，具有内在统一性。从目的看，二者都是高校做好学生工作的重要手段，都立足于培养社会主义事业的建设者和接班人；从内容和效果看，二者相辅相成，互相促进。一方面，心理问题的解决有助于正确思想观念的接受和形成；另一方面，正确的政治思想观念又能使大学生保持良好的心理品质。因此，不能把心理健康教育同思想政治教育割裂开来，应该把二者紧密地结合在一起，在进行思想政治教育时，要先消除大学生的消极心理反应。而要使大学生拥有健康的心态，则应该着眼于帮助大学生树立正确的世界观、人生观和价值观。德育工作要加强思想

政治素质和心理健康教育，心理素质是基础，思想素质是关键。这进一步指明了心理健康教育与思想政治教育相辅相成的关系，二者互为条件，互相补充，相互促进。目前，高校的思想政治工作虽然常抓不懈，心理健康教育工作也纷纷开展，但结果并不理想。因此，找准结合点，把心理健康教育与日常思想政治教育合理地、有机地结合起来，是推动心理健康教育的有力举措。

一是队伍的结合。各高校要充分发挥学生管理工作队伍在心理健康教育工作中的作用，加强对学生辅导员、班主任、主要学生干部和党员的培训，使他们了解心理健康教育的知识，增强心理健康教育意识，具备初步识别和解决心理问题的能力。一方面，辅导员、班主任不仅要在日常思想政治教育中发挥作用，也要在增进学生心理健康、提高学生心理素质中发挥积极作用。在日常思想政治教育中，要及时发现并区分学生存在的思想问题和心理问题，在工作中，自觉运用相关的知识和技巧，对学生的心理问题，有针对性地进行辅导和咨询，并主动与学校心理健康教育工作人员合作，给有心理困惑、心理障碍的学生必要的帮助，这样有利于共同推进心理健康教育。另一方面，充分发挥学生党员干部的优势，通畅信息渠道，建立心理健康的监控网络。通过以上工作，高校可以在占领思想政治工作阵地的同时，为学生构建可靠的心理防线。

二是形式与载体的结合。日常思想政治教育有着多种多样的形式和载体，并且发挥了积极的教育作用。心理健康教育和思想政治教育一样，有着共同的目标和对象，因此可以借助思想政治教育的形式和载体来开展心理健康教育。比如充分利用广播、电视、校园网、校刊、橱窗、板报等多种媒体，广泛宣传普及心理健康知识；不定期地利用主题班会等形式，举行学生热点问题讨论，如大学生恋爱问题、就业问题、人际关系问题、性心理问题等，帮助大学生树立心理健康意识；针对大学生常见的困惑，邀请有关专家开展讲座，及时给予心理疏导；根据大学生的心理特点，设计各类心理健康教育活动，如意志训练、适应训练、角色互换等，在活动中强化学生的参与意识。

五、以心理文化为依托，创设良好的心理发展环境

良好的社会文化环境是心理健康发展的必要条件。它时刻影响着大学生的理想、道德、价值观念的形成，调节和引导大学生的情绪与行为，对大学生身心的健康发展起着举足轻重的作用。良好的社会文化可以引导与帮助大学生树立正确的世界观、人生观和价值观，对大学生的认知和追求产生积极的指导作用；良好的社会文化环境有助于大学生接受文化艺术的熏陶，接受风尚风气的感染，实现对人的精神、心灵及性格的塑造，达到社会化目的；良好的社会文化环境可以通过某种社会刺激因素，促使大学生产生积极、健康、向上的思想、愿望和行为，起到很好的激励作用；良好的社会文化环境对个体的思想意识、理想目标、行为方式、生活习惯等产生制约作用，有助于形成良好的社会风气，大学生受从众心理和群体效应的影响，会不断调整自己的行为，从而养成良好的心理品质和行为习惯。

现阶段创设良好的心理发展环境，主要从以下三方面入手。

（一）优化校园文化，为大学生心理健康发展创造良好的文化氛围

优化校园文化就要坚持用大学文化所蕴含的人生信仰、道德观念、审美情趣等丰富多彩的文化因素去引导和塑造大学生，共同建设高尚、健康、文明的校园文化。大学生的健康成长离不开健康的心理社会环境，大学生心理素质的提高离不开良好的校园文化氛围。首先，高校要重视校园物质文化建设，对于校容校貌的布局、校园的绿化美化等，应努力做到视野开阔、和谐统一，使人感受到朝气、幽静、有序、整洁和特有的文化气息，生活于其中的大学生在思想感情、行为方式上，能够受到全身心的陶冶；培育优秀的校园精神有利于形成一股无形的推动力量，产生激励和鞭策的作用，促使大学生积极向上，不断走向心理成

熟；建设良好的校风有利于使人与人之间保持和谐的人际关系，促进同学之间相互沟通，相互帮助，共同进步，从而潜移默化地优化学生的心理品质。其次，高校应当意识到丰富多彩的校园文化活动有助于培养学生乐观向上的生活态度和健康愉悦的情绪特征，经常组织开展丰富多彩、健康有益的文化活动，有利于大学生交流思想感情，促进人际关系和谐，娱乐身心，陶冶情操，培养能力，从而实现大学生充分发展个性，改善适应能力，促使大学生的心理健康发展。

（二）重视大学生心理健康教育的家庭环境

生态学定向的心理健康教育理论认为，影响大学生心理健康的因素是多重的，不仅有自身方面的因素，还有个体所生活的综合环境的因素，如学校、家庭等。研究结果表明，大学生群体所暴露出的心理问题并非完全由大学自身造成的，很多问题是个体受家庭的高期望值、家庭的教养方式等家庭因素影响并积累和潜伏下来的，在大学这个特定的学习、生活环境中，这些问题被逐渐暴露出来，严重影响学生正常的学习和生活。因此，应当清楚地认识到，学生的心理问题往往与家庭有关，改善家庭心理环境，提高家长的心理素质，对他们进行心理健康知识普及教育尤为重要，使家长懂得应遵循孩子心理发展的规律和特点，对孩子进行适时适当的教育。鉴于大学生成长过程中与家庭的特殊关系，学校应加强与家长之间的沟通，建立大学生心理教育的协作机制，学校和教师根据学生在校期间的表现情况，积极与家长进行沟通，共同分析原因，同家长一起确定心理健康教育的目标和实施方案。同时，高校应尽可能地开展针对学生家长的心理健康教育活动，使家长树立正确的教育理念，提高家长自身的心理健康水平，增强家长对学生心理的了解和认识，掌握科学的教育方法，形成良好的家庭教育氛围，促进大学生心理的健康发展。

（三）营造有利于大学生心理健康发展的社会环境

作为心理健康教育系统工程的重要组成部分，社会的影响与作用也是不容忽视的。当前，我国社会正处于转型时期，市场经济体制所带来的各种负面影响不可避免地冲击着大学这方净土，因而大学生的心理健康必然受到各种社会因素的影响。关注大学生的健康成长，不仅是全社会的责任，也是义务。营造良好的社会文化环境也是培养学生健康心理的重要渠道，应该注重和加强这方面的建设。各级教育、文化、科研、新闻出版、体育、广播影视部门、群众团体，应与高校携手，为大学生的健康发展提供良好的社会环境。坚持弘扬主旋律，为大学生心理健康教育营造良好的社会舆论氛围，为大学生提供丰富的精神食粮，良好的思想、文化、艺术等社会主义精神文明的教育，能使他们在良好的熏陶中提高修养；推进先进文化进校园活动，丰富校园文化生活，宣传介绍心理健康知识，增强大学生的自我保健意识，形成一种教育氛围，让大学生受到熏陶、获得启迪，远离不健康的文化，接受有益身心健康发展的文化影响；坚持以正面宣传为主，积极开发心理健康教育资源，尽量提供健康向上、生机勃勃的信息，促使大学生形成良好的心理品质。

六、积极引导大学生开展自我心理健康教育与同辈辅导

（一）积极开展自我教育，提高学生心理问题的自我应对能力

虽然外部因素是引起心理危机的主要因素，但是个体的认知水平、情绪体验、心理承受能力往往也决定着心理健康的水平，心理健康的着眼点在于提高个体心理危机的承受与危机的处理能力。因此，提高学生自身认知水平、心理承受能力与应对能力是学生心理健康的根本所在。学校应该结合学生的实际情况，鼓励学生积极开展自我教育。学生本人也要积极学习和掌握心理健康的有关知识，培养自己的辩证思维能力，树立正确的世界观、人生观、价值观，客观准确地把握情绪调控的方法，努力提高洞察自己情绪变化的能力，在遭遇挫折、打击或不公正对待时，要懂得自我保护，多用生活的哲理、模范的事例和行为来激励自己，及时转移和宣泄不良情绪与压力，主动调节自身行为，不断提高心理承受能力。

（二）鼓励大学生构建自己的社会支持系统

大学阶段是个体发展的重要时期，这个时期大学生个体经历和环境

的影响必然会给个体自身带来压力与挑战，同时也会使他们遇到各种各样的挫折。具有良好的社会支持系统能帮助大学生应对挫折，缓解心理压力，消除心理障碍，对他们的心理健康会产生一定的影响。社会支持与心理健康有着密切的关系。社会支持包括客观支持、主观支持和支持利用度三个维度。客观支持指客观的、可见的或实际的支持，包括物质上的直接援助和社会网络、团体关系的存在和参与。这类支持独立于个体的感受，是客观存在的事实。主观支持指个体在社会中受尊重、被支持和理解的情感体验及满意程度，是个体对自己社会支持状况的主观体验，与个体的主观感受密切相关。支持利用度指个体对支持的利用情况。大学应鼓励学生建立自己的社会支持系统，这对缓解学生的心理压力有很大作用。研究结果表明，大学生社会支持率越高，其心理健康状况越好。

（三）注重同辈辅导在大学生心理健康教育中的重要作用

大学生们普遍都有追寻自我、寻找良师益友、结交异性朋友和将来的就业选择这四项发展主题。在学校中，服务于青年学生，协助他们解决困惑的心理健康的专业人员较少。在此情况下，更加需要转向同辈学生或朋友，寻求问题解决的良策。因而，学校可以用接受训练的学生担任同辈辅导员。其理论基础是学生们在讨论个人问题的时候，更多的是寻求同辈而不是成人，同辈辅导员和他们的当事人可能在这种相互作用中获益。同辈辅导获得推广应用的原因是现在对指导和辅导服务的需要量大大地超过学校专业辅导员所能提供的服务量。长期以来，同辈辅导受到肯定的原因，在于可以弥补专业辅导人员的不足。同辈辅导计划能将辅导所能服务的范围拓展到整个学校，从而使同辈辅导起到预防性和全面性的作用。整体而言，同辈辅导是一项切实可行的、收益颇大的咨询辅导方案。

第四章

高校大学生廉洁教育管理

第一节　大学生廉洁教育的内涵与特征

一、廉洁

廉洁，最早出现在战国时期伟大诗人屈原的《楚辞·招魂》中："朕幼清以廉洁兮，身服义而未沫"，意思是我年幼时禀赋清廉啊，我佩服你们不昧。东汉著名学者王逸在《楚辞·章句》中注释说："不受曰廉，不污曰洁"，即不接受他人馈赠的钱财礼物，不让自己清白的人品受到玷污，就是廉洁。《辞源》对廉洁的解释是"公正，不贪污"，《辞海》对廉洁的解释是"清廉，清白"。

在英语世界中，"廉洁"英译为 Integrity、Purity，其中，Integrity 是正直、诚实、廉正的意思；Purity 是纯洁、纯净、纯粹的意思。可见，不管是在汉语还是英语表述中，廉洁的意思基本相同，都是清白高洁、不贪污、不受贿的意思。从字面上来理解，廉就是清廉，就是不贪取不应得的钱财；洁就是洁白；指做人要光明磊落。也就是说，我们要清清白白做人，干干净净做事。

我国历代贤君和思想家、政治家在长期执政或者辅佐君王的过程中，为了巩固统治阶级政权，积极探索廉洁的相关问题，提出了很多廉洁思想主张，也实施了众多反腐倡廉的举措。其廉洁思想源远流长、博大精深，蕴涵着丰富的道德价值和伦理精神，是中国古代政治文明的集中体现，也是中华民族的传统美德，成为中华优秀传统文化的重要组成部分，需要我们深入研究和大力弘扬。

二、廉洁教育

顾名思义，廉洁教育就是教育者根据国家要求和社会需要对受教育者有目的、有计划、有组织地进行思想教育、道德教育、法纪教育等社会实践活动。对个体而言，通过接受廉洁教育，形成系统的廉洁素养，并通过廉洁实践获得廉洁能力；对社会而言，通过廉洁教育把统治阶级的廉洁主张、廉洁价值观传授给社会成员，形成正确的廉洁思想和廉洁价值取向，以确保政治稳定、社会清明。

从教育对象来划分，有公职人员的廉政教育、学生的廉洁教育和普通公民的廉洁教育。目前，我国已建立起较为完善的全民化廉洁教育体系，为建设"廉洁中国"奠定了良好的基础。

三、大学生廉洁教育

大学生廉洁教育，是指高校根据国家要求和社会需要对大学生进行有目的、有计划、有组织的思想理论教育、道德教育、法制教育、纪律教育等，旨在培养大学生树立廉洁意识、具备廉洁精神、增强拒腐防变能力等，让清正廉洁成为大学生的理想信念和价值追求，成长为守纪律、讲规矩、谈奋斗的新时代青年。开展廉洁教育，就是给大学生打"防腐疫苗"，使他们走上工作岗位以后，真正成为崇尚廉洁、践行廉洁、拒绝腐败，并敢于同腐败行为作斗争的社会主义合格建设者和可靠接班人。

当前，高校大学生廉洁教育还存在诸多问题。一是对廉洁教育认识片面。认为廉洁教育已经融入思想政治教育当中，开展的思想政治教育已经包含了廉洁教育，没必要实施专门的廉洁教育，导致廉洁教育的内容被淡化、主题不突出、特点不鲜明。特别是在大学生就业重压之下，很多高校正前所未有地关注就业，结果是就业这边轰轰烈烈，而廉洁教育那边冷冷清清。有的甚至为了提高就业率不惜造假，给学生做了不良示范，严重冲击了廉洁教育，廉洁教育的效果不尽如人意。二是对廉洁教育缺乏规划。正是对廉洁教育的片面认识，导致对大学生的廉洁教育规划不足，没有结合大学生的生理、心理特点和认识水平，制定切实可行的廉洁教育规划，具有明显的随意性，如没有形成稳定的廉洁教育体制机制、没有安排专项的廉洁教育经费、没有建立系统的廉洁教育课程等，导致大学生接受的廉洁教育不系统、不全面、不深入。三是对廉洁教育的评价不够科学。现有对廉洁教育的评价，大多是通过"两课"的课程考试考核来进行评价和判断，有的根本就没有专门的廉洁教育评价指标体系，难以测评到大学生对廉洁知识的掌握程度、廉洁意识的强弱、廉洁精神的有无以及廉洁行为的大小，这应引起高校的重新审视。

廉洁教育既不是中国特色，也不是中国专利，世界各国都非常重视大学生的廉洁教育，比如，哥伦比亚推行的"椅子"计划，就是针对只关注大学生的职业技能训练而忽视社会责任培养的廉洁教育项目；赞比亚的"青年良治"就是针对未来的领导者实施的廉洁教育项目，该项目主要针对高中生和大学生；新加坡注重以思想政治课堂教育培养大学生的廉洁意识，以校园文化建设熏陶大学生的廉洁信念，以校外社会廉洁实践氛围增进大学生的廉政信仰等。从世界各国来看，对大学生的廉洁教育具有普遍性和针对性。

在我国，大学生廉洁教育是思想政治教育的重要组成部分，既和思想政治教育有着内在的耦合性，又有其自身的独特性。因此，如何在思想政治教育中突出廉洁教育地位、发挥廉洁教育作用、提高廉洁教育的针对性和实效性，使大学生不断增强廉洁自律意识、形成正确的廉洁价值观和不断提高拒腐防变能力，是新时代高校必须面对的时代课题。

四、大学生廉洁教育的主要特征

（一）大学生廉洁教育具有现实性

从宏观的层面来看，世界正处在"百年未有之大变局"中，面临着复杂多变的政治、经济、文化等方面的形势，人们的认知边界、思维模式、价值选择、行为方式等都在不断地被冲击和刷新着。大学生也无法独善其身。从中观的层面来看，我国正处在经济社会的转型升级阶段，随着市场经济的发展，各种利益关系在激烈的市场竞争中不断地分化、重组，物质至上原则使个人利益受到空前的重视和肯定，货币作为财富的象征在社会生活的各个方面体现得淋漓尽致，尤其是"拜金主义"的盛行，当大学生以消费者身份参与到经济活动当中时，必然受到这些不良因素的侵袭，容易使大学生把金钱作为衡量成败的标准，影响他们对金钱和个人物质利益的认识。从微观的层面来看，新时代的大学生个性更加张扬、视野更加开阔、思维更加活跃，他们富有激情和正义感，对社会的理想化建设期望度高，但由于思想单纯、社会经验不足，容易受到社会各种不良现象和不正之风的影响。同时，在就业创业、生存发展、贫富差距等各方面的困扰之下，大学生也会面临着更多的价值风险。内外多重因素的交叉影响，使得正处于"三观"形塑阶段的大学生不知所措、左右为难，导致部分大学生把"精致的利己主义"作为处事原则，甚至作出违背清正廉洁的行为。

　　当然，我们不能否认大学生的主流思想是好的，但也不能回避存在的现实问题：一是大学生对廉洁教育的认识不足。调查发现，有的大学生认为自己没有腐败的条件和机会，对廉洁教育持怀疑态度；有的认为廉洁教育是为了响应中央精神的"应景式"教育，是"形式主义"；甚至有个别学生认为开展廉洁教育是"大人生病、小孩吃药"。这就是导致参与率低、教育效果不佳的思想根源。二是大学生的不廉洁行为时有发生。如在考试中作弊、为了奖助学金作假、在学生干部竞选中"走关系"等。再如新闻媒体报道的某校学生会把学生干部定为享受部级、副部级待遇；某校学生组织要求新生对学生干部必须称呼其职务，否则会被认为是大不敬而遭到训斥；还有为考研升学而进行学术造假等，屡屡成为近年的媒体"头条"，这不能不引起高校的反思。三是大学生的钱权崇拜时有发生。随着市场经济的发展，大学生的思想观念、生活方式、价值取向也发生了深刻变化，部分大学生把是否有钱、权力大小作为成功的标志，由此导致价值观的扭曲，进而引发行为上的变异，如为了拥有高档手机而不惜借高利贷，盲目追求奢华生活等，这些问题也反映了高校的廉洁教育还不到位。对于违纪违法行为，法纪追究势在必行，但通过廉洁教育加以预防才是治本之策，这就决定了大学生廉洁教育具有很强的现实性和紧迫性。

（二）大学生廉洁教育具有层次性

层次性指的是廉洁教育要按照由整体到局部、由一般到个别的层次有序进行。对大学生进行廉洁教育要充分考虑个体的差异性。根据大学生不同学习阶段的学习内容和个人综合素质发展的差异，对其进行层次化的教育。对于低年级学生，主要是加强法律法规常识教育和诚信教育；对于高年级学生，则因为他们面临毕业就业，应着重进行职业道德教育和廉政教育。还可以根据学生的专业特点和未来的职业岗位特点进行廉洁教育，比如，对于工程类专业的大学生，要突出不能偷工减料、搞"豆腐渣"工程等的廉洁教育；对于财经类专业的大学生，则要突出不能做假账、参与洗钱等的廉洁教育，并通过相关案例的解读进行廉洁警示教育。

从政治面貌的角度划分，大学生群体可以分为学生党员、学生干部和普通学生。当然，这个划分并无明确的界限，如有的学生党员同时也是学生干部，有的普通学生也是学生党员，这样划分只是为了突出廉洁教育的针对性。对于学生党员，参加党组织的理论学习和实践活动既是权利也是义务，高校可以通过党组织的组织生活对学生党员进行廉洁教育，重点就入党初心、党规党纪、党风廉政建设等方面加强廉洁教育。对于不是党员的学生干部，则可以在日常的活动中强化服务意识、公正廉明、奉献精神等方面教育，培养他们树立正确的权力观。对于普通学生，就要加强诚信教育和纪律教育，引导他们客观评判并理性看待社会的各种腐败现象，不断坚定理想信念和增强拒腐防变能力。只有突出教育的层次性，才能提高教育的针对性，也才能取得理想的教育实效。

（三）大学生廉洁教育具有渐进性

渐进性是指大学生的廉洁教育是一个持续的、循序渐进的教育过程。在内容上由浅入深、由易到难、梯次推进。因此，对大学生进行廉洁教育，就是要引导他们从了解廉洁教育的概念、含义等基本知识学起，以至理解反腐倡廉的政策和理论，进而掌握拒腐防变的方法和技巧等。

同时，由于廉洁教育的层次性，对于大学生所处的不同阶段，教育内容是不断更新深化的，因此，教育过程要结合学生的具体实际，逐步推进，既不能全盘照搬党员干部廉洁教育的内容和方法，更不能急功近利。要遵循思想政治工作规律，遵循教书育人规律，遵循学生成长规律，把理论与实践结合起来。一方面，理论要深入浅出、结合实际、易于理解；另一方面，实践要形式多样、丰富多彩、印象深刻。理论与实践只有深入地结合，不偏不倚，才能让学生们真正掌握廉洁的真正意义，逐渐形成"洁身崇廉"的高尚品德和良好的行为习惯。

（四）大学生廉洁教育具有职业引导性

职业引导性是指一系列包括正式与非正式教育、培训及工作体验的开发活动，这些开发活动有助于受教育者将来能够从事更好、更适合自己的工作。廉洁自律、爱岗敬业是每个大学生的潜在命题，它随着大学生的成长起到越来越关键的作用。大学生虽然具有半个社会人的性质，但是仍然需要加强"三观"教育，只有积极引导他们树立正确的世界观、人生观和价值观，才能保证他们走向社会、走上工作岗位后，能够拥有良好的职业道德和廉洁奉公的思想品质。

职业引导性是大学生廉洁教育最显著的特征。大学生由于对社会了解不深，还不知道成为职业人后需要遵守的职业道德和职业规范，这就要求高校在开展廉洁教育时，要同大学生的职业道德教育、专业知识技能教育、专业社会实践活动有机结合起来，帮助大学生树立正确的职业价值观和职业道德素养，形成廉洁守法的价值理念，不断提高拒腐防变能力，能够正确对待职业中的奉献与索取、个体与集体、个人与国家之间的关系，切实做到自觉遵守法律法规和社会道德规范，切实提高反腐倡廉的自觉性和主动性。

第二节　大学生廉洁教育的目标与原则

一、大学生廉洁教育的目标

廉洁教育的目标决定着廉洁教育的发展方向，在大学生廉洁教育过程中，廉洁教育目标具有导向、凝聚、纠偏和激励等作用。新时代的大学生廉洁教育目标，必须坚持以习近平新时代中国特色社会主义思想为指导，坚持立德树人、铸魂育人，努力引导大学生不断增强廉洁意识、树立正确的廉洁价值观，不断提高拒腐防变能力，成为有理想、有本领、有担当的社会主义建设者和接班人。

（一）大学生廉洁教育目标的内涵

马克思、恩格斯曾经说过："在社会历史领域内进行的活动，是具有意识的、经过思虑或者凭借激情行动的、追求某种目的的人；任何事情的发生都不是没有自觉的意图，没有预期的目的的。"[①] 大学生廉洁教育，是培养大学生廉洁意识、廉洁价值观和拒腐防变能力的精神实践活动，也必须确定活动的目标，并在目标指引下，制定实施廉洁教育的方案计划，调控大学生廉洁教育的进程，确保廉洁教育的有效实施和目标达成。可见，目标是指路灯，也是航向。大学生廉洁教育目标是实施廉洁教育所要达到的预期效果，大学生廉洁教育目标的确定，决定了高校廉洁教育的发展方向。我们应引导大学生树立报效祖国、服务人民的信念，不断增强大学生的道德自律意识，增强拒腐防变的良好心理品质，逐步形成廉洁自律、爱岗敬业的职业观念。由此我们发现，大学生廉洁教育目标是一个多维的目标体系，具有其内在的结构性特征，对高校开展廉洁教育起到引领、制约和指导作用。大学生廉洁教育目标是廉洁教育目的的具体化、精准化，是促进大学生廉洁素养形成和发展所要达

[①]　马克思恩格斯全集：第 2 卷［M］. 北京：人民出版社，1995：247.

到的规格或质量标准。随着时代的发展，大学生廉洁教育的目标也要不断地丰富和拓展。

（二）大学生廉洁教育目标的特点

1. 大学生廉洁教育目标方向具有规定性

大学生廉洁教育目标是根据廉洁教育目的要求和大学生的道德发展实际来确定的，有鲜明的方向规定性，主要表现在以下几个方面：一是政治方向性。大学生廉洁教育目标的确定和执行，总是要体现统治阶级对人才培养的思想政治要求，反映着统治阶级政权的权威性，体现了"为谁培养人"的政治原则。二是社会倾向性。大学生廉洁教育目标规定了为什么样的社会培养人，指明了大学生廉洁教育的社会方向，即为构建公平正义、风清气正的社会主义社会培养人才，体现了"培养什么样的人"的社会倾向性。三是素质规定性。大学生廉洁教育目标规定了廉洁教育的素质要求，对大学生要培养什么样的心理品质做了明确规定，即具备洁身自好、廉洁奉公的心理品质。可见，大学生廉洁教育目标对廉洁教育活动的政治方向、社会性质和品德素质等各方面都作了明确的规定和要求。

2. 大学生廉洁教育目标结构具有层次性

大学生廉洁教育目标是一个多维的目标体系，具有结构层次性。可以根据大学生的不同层次结构对廉洁教育目标进行分解。比如，从大学生的学历层次来划分，可以分为专科生目标、本科生目标、研究生目标；从大学生的不同专业来划分，其廉洁教育目标要结合专业特性来确定，这样才能取得真正的教育实效；从大学的不同年级来划分，可以分为不同的年级目标，也可以分为入学初的教育目标、学习中期的目标和毕业季的教育目标等，这样更体现教育的针对性；按照目标层次来划分，则可以分为高级、中级和初级的廉洁教育目标层次；按照教育的时间来划分，又可以分为近期、中期和远期教育目标；按照学生的群体来划分，可以分为党员学生、学生干部、普通学生的教育目标等。不同层次的廉洁教育目标，既相互区别，又相互联系，共同组成具有层次性、动态性和系列化的目标体系，只要做好不同层次的衔接教育，就能够不断提高教育实效，实现教育目标。

3. 大学生廉洁教育目标内容具有多维性

大学生廉洁教育目标的内容包含着多个维度，根据不同标准，可以分为不同的维度。根据大学生廉洁品质的形成和发展过程，可以分为廉洁教育的认知目标、情感目标、意志目标和行为目标四个维度；根据大学生廉洁教育目标的内容划分，可以分为廉洁思想教育目标、政治素质教育目标、道德素质教育目标、党纪法规教育目标、心理品质教育目标等维度。其中，各分支目标维度又可以分出更多的具体目标维度，如党纪法规教育目标，可以分为党规党纪教育目标、法律法规教育目标等。可以说，正是大学生的思想品德形成发展特点和个体身心发展规律的差异性，使得廉洁教育目标在内容上呈现出多维性和动态性的特点。

4. 大学生廉洁教育目标效果具有可测性

大学生廉洁教育目标是教育者根据廉洁教育目的要求和大学生道德发展实际，通过开展廉洁教育活动，在某个时段内，促进大学生廉洁素养形成和发展所要达到的规格或质量标准，即在大学生身上要达到的结果和期望值，因而使得大学生廉洁教育的目标效果具有可测性，如大学生对廉洁理论的掌握、对廉政建设的态度、对腐败行为的看法等，均可以通过科学设计的量表加以测试。在实施廉洁教育活动过程中，包括内容的设定、方法的选择、环境的优化等都要围绕实现廉洁教育目标来进行。在廉洁教育活动实施前，教育者总会或多或少地预测到活动所要达到的效果，而大学生也在教育者的引导下，朝着预定的廉洁教育目标去发展，这使得廉洁教育目标效果的实现带有可测性。正是由于廉洁教育目标效果的可测性，使廉洁教育的活动变得有章可循，避免了廉洁教育的随意性和盲目性。当然，我们不能否认，在开展大学生廉洁教育活动过程中，总会受到来自教育环境、教育对象、教育手段等各种因素的影响和制约，使廉洁教育的目标效果与期望值之间存在偏差，影响其可测性的准确度。

（三）大学生廉洁教育目标确立的依据

大学生廉洁教育目标虽然由教育主体制定，反映教育主体的主观愿望和要求，但实质上反映的是社会发展要求与大学生成长成才需要。可见，适应社会发展要求和满足大学生成长成才需要，才是确立大学生廉洁教育目标的依据。

1. 适应社会发展要求是目标确立的客观依据

党的十八大以来，以习近平同志为核心的党中央深刻洞悉时代发展要求，把全面从严治党纳入"四个全面"战略布局，强调要"坚持真管真严、敢管敢严、长管长严，坚持思想从严、执纪从严、治吏从严、作风从严、反腐从严，保持战略定力，拿出恒心韧劲，落实管党治党责任，不断推动全面从严治党向纵深发展。"①党风政风明显好转，党群干群关系明显改善，社会风气向上向善。虽然我们的党风廉政建设和反腐败斗争已经取得了决定性胜利，但全面从严治党永远在路上，要实现中华民族伟大复兴的中国梦，必须坚定不移地推进全面从严治党。

党的二十报告提出深入推进新时代党的建设新的伟大工程、健全全面从严治党体系等重要思想；提出坚持和加强党中央集中统一领导、坚持不懈用习近平新时代中国特色社会主义思想凝心铸魂、完善党的自我革命制度规范体系、建设堪当民族复兴重任的高素质干部队伍、增强党组织政治功能和组织功能、坚持以严的基调强化正风肃纪、坚决打赢反腐败斗争攻坚战持久战等重大举措。为此，在新的历史起点上，我们党坚持以人民为中心，坚持新发展理念，团结和带领全国各族人民，开启全面建成社会主义现代化强国的新征程，这是党和国家的中心任务和奋斗目标，同时也为制定大学生廉洁教育目标提供了客观依据。我们在制定廉洁教育目标时，既要立足现实，又要展望未来，才能适应新时代社会发展的要求。作为党和国家奋斗目标的重要组成部分，大学生廉洁教育目标只有服从和服务于党和国家的奋斗目标与中心任务，才具有科学性、可行性和有效性。

2. 满足大学生成长成才需要是目标确立的内在依据

廉洁教育不仅要促进社会发展，而且还要促进人的发展。因此，大

---

① 习近平. 在全国组织工作会议上的讲话［EB/OL］. 共产党员网，2018-09-17.

学生廉洁教育目标的确立不仅要适应社会发展要求，而且还要满足大学生的成长成才需要。廉洁素养是思想道德素养的重要组成部分，廉洁素养的发展对大学生的智力、体力等各方面的发展具有重要的促进作用。因此，满足大学生成长成才需要是制定廉洁教育目标的内在依据。

在大学生的成长成才过程中，廉洁素养的发展呈现出规律性。大学生廉洁素养的发展与大学生的认知能力具有相关性，是内化和外化相统一的过程。高校在确立大学生廉洁教育目标时，既要考虑大学生的思想道德品质发展现状和身心发展规律，又要考虑大学生廉洁素养发展的未来需要。大学生廉洁素养发展的未来需要，就是形成与社会发展相适应的廉洁素养，新时代对大学生廉洁素养有着新的要求，这种要求主要体现在对大学生的培养目标上。新时代要求大学生有理想、有本领、有担当，理想信念坚定、志存高远、脚踏实地。基于此，廉洁教育要遵循大学生思想品德形成和身心发展的规律，依据大学生思想品德发展要求和社会对人才培养的目标要求，科学制定大学生的廉洁教育目标，进而促进大学生德智体美劳全面发展。

二、大学生廉洁教育的原则

大学生廉洁教育原则是指在开展廉洁教育活动时必须遵循的基本准则，它反映了廉洁教育的客观规律，对廉洁教育活动的顺利进行具有重要的指导意义。

（一）大学生廉洁教育原则的基本依据

大学生廉洁教育是高校思想政治教育的重要内容，因此，大学生廉洁教育原则与高校思想政治教育原则具有内在一致性，但也有其自身的特殊性。大学生廉洁教育原则，是根据廉洁教育的客观规律，在总结廉洁教育实践经验的基础上，制定出来的廉洁教育活动准则，是开展廉洁教育活动必须遵循的基本规则，对廉洁教育活动的有序开展及其实效性的提升意义重大。

要准确把握和运用廉洁教育原则，首先要明确廉洁教育原则确立的依据。由于廉洁教育原则是廉洁教育规律的具体反映，因此，确立廉洁教育原则的基本依据就是廉洁教育的客观规律。在开展廉洁教育活动时，之所以必须遵循廉洁教育原则；是因为它反映了廉洁教育客观规律的要求，只有符合廉洁教育客观规律的原则，才是正确可行的廉洁教育原则。可见，廉洁教育客观规律是确立廉洁教育原则的基本依据。2016 年12 月，习近平总书记在全国思想政治工作会议上强调："做好高校思想政治工作，要因事而化、因时而进、因势而新。要遵循思想政治工作规律，遵循教书育人规律，遵循学生成长规律。"① 廉洁教育的客观规律蕴含于这"三大规律"之中，廉洁教育原则的确立必须以这"三大规律"为基本依据。

（二）大学生廉洁教育的主要原则

1. 方向性原则

方向性原则是指廉洁教育必须始终坚持正确的政治方向，这是廉洁教育的根本原则和最高原则，是大学生廉洁教育及其规律的本质要求。开展廉洁教育是党中央在总结历史经验、科学判断形势基础上对反腐倡廉建设作出的重大战略决策，是构建教育、制度、监督并重的惩治和预防腐败体系的基础性工程，具有鲜明的政治性。方向性原则主要体现为廉洁教育必须旗帜鲜明讲政治，必须坚持中国共产党的领导，必须坚持中国特色社会主义。为此，新时代的大学生廉洁教育要以习近平新时代中国特色社会主义思想为指导，既要对大学生进行党的路线、方针、政策的教育，又要进行理想信念教育和廉洁道德教育，引导大学生不断增强廉洁自律意识，树立正确的廉洁价值观，不断提高拒腐防变能力。

坚持方向性原则，对于大学生廉洁教育具有重要的意义。只有坚持方向性原则，才能保持廉洁教育的中国特色社会主义本质；只有坚持方向性原则，才能实现廉洁教育的价值要求。在新时代大学生廉洁教育过程中，要坚持中国特色社会主义方向。首先，必须坚持以习近平新时代中国特色社会主义思想为指导，才能做到科学性与思想性的统一、理论

---

① 新华社.把思想政治工作贯穿教育教学全过程开创我国高等教育事业发展新局面[EB/OL].［2017－01－18］.http://www.moe.edu.cn/jyb_xwfb/s6052/moe_838/201612/t20161208_291306.htm/.

性与实践性的统一，从而增强积极性与主动性，减少盲目性和随意性。其次，要着力提高贯彻廉洁教育方向性原则的自觉性。以培养廉洁自律、诚实守信的时代新人为己任的高校廉洁教育，更要使高校的教育工作者深刻认识到，坚持廉洁教育的政治方向，是有效开展大学生廉洁教育的根本保证。在廉洁教育实践中，自觉坚持和运用方向性原则，将其精神贯彻落实到廉洁教育活动中。同时也要引导大学生清醒认识到，坚持正确的政治方向，不仅有利于个人发展，而且有利于社会的和谐稳定。最后，贯彻方向性原则要讲究科学方法。必须把原则的坚定性和方法的灵活性有机地结合起.来，使廉洁教育自然而然地融入大学生学习生活的各个方面，从而潜移默化地正向影响他们的思想和行为。要探寻方向性原则与廉洁教育目标之间的契合点，以方向性原则统摄廉洁教育的具体目标，使中国特色社会主义方向成为大学生廉洁教育的灵魂。

2. 实事求是原则

实事求是原则，就是大学生廉洁教育要始终坚持从实际出发，理论联系实际的思想路线。在大学生廉洁教育活动中，首先要坚持廉洁教育的目标和要求必须遵循思想政治工作规律、教书育人规律、学生成长规律。具体来讲，就是要立足大学生的思想和心理发展实际，立足廉洁教育的客观要求，通过调查研究，把握大学生廉洁教育的内外部联系，探寻大学生廉洁教育的内在规律，以提高大学生廉洁教育的针对性和实效性。

坚持实事求是原则，对大学生廉洁教育具有重要的现实意义。坚持从大学生的思想实际和心理发展规律进行廉洁教育，能够有效避免主观性、随意性和盲目性，这是廉洁教育的基本要求。只有坚持实事求是的原则，才能使廉洁教育更加贴近大学生的思想、学习和生活实际，才能实现廉洁教育"入耳、入脑、入心"的目标，否则就会陷入廉洁教育"自说自话"。

坚持实事求是原则，首先，要有强烈的求真务实精神，要做到这一点，就需要进行深入的调查研究，准确掌握大学生的思想动态和心理特点，准确把握廉洁教育的实际规律，如对腐败案例的解读，既不回避问题，也不能夸大其词。其次，要坚持理论联系实际，把马克思主义的基本理论和基本方法准确运用到廉洁教育的实践当中，发挥理论指导作用，力求做到理论与实践的有机结合。再次，要讲究科学的方法。做好廉洁教育的调查研究、分析推理和总结归纳，都离不开科学的方法，没有科学的方法，实事求是原则就无法落实到廉洁教育当中。因此，廉洁教育工作者既要掌握辩证唯物主义方法论，又要能够娴熟地运用现代的教育技术，以提高实事求是原则的科学性。最后，要坚持与时俱进。随着社会的发展进步，特别是网络媒体时代的到来，客观事物急剧变化，大学生的思想观念、心理发展等也在不断变化，只有对廉洁教育的内容、形式、方法等进行适时调整更新，才能适应时代发展要求，才能满足学生成长发展需求和期待，即要做到"因事而化、因时而进、因势而新"。

3. 主体性原则

主体性原则是指在开展廉洁教育活动时，教育者应当充分尊重受教育者的主体性地位，充分调动受教育者的主观能动性，积极发挥受教育者的积极性、主动性和创造性。在大学生廉洁教育过程中，高校教师是教育主体，大学生是教育客体，但在现实教育中，大学生并不是被动的接受者，而是在接受教育过程中进行着自我教育，特别是新时代的大学生，他们的主体意识更加强烈，更加勇于展示自己、善于表达主见。从这个角度来看，大学生也是廉洁教育的主体，在教育中发挥着重要作用。大学生只有对廉洁教育积极参与主动接受，才能真正将其内化为廉洁的心理品质和外化为拒绝腐败的廉洁行为。大学生的主观能动作用是影响廉洁教育效果的关键要素，因此，要提高廉洁教育的实效，就必须坚持主体性原则，充分调动大学生的主观能动性。在新的时代背景下，网络媒体高度发达，社会信息化使人们获取信息变得更加快捷、更加丰富，大学生作为网络社会的主力军，他们获取信息有时候比教师还要灵便，教师在教育中的优势和权威受到挑战已成常态。过去因片面强调教师的主体作用而进行的单纯灌输，已经无法适应时代发展的要求，只能采用"双向互动、引导选择"的新方式进行教育。这就要求在廉洁教育过程中，教师要以民主、平等的教育方式，引导大学生进行自我教育，努力提高大学生对廉洁与腐败的辨别能力，从而提高大学生的拒腐防变能力。

坚持主体性原则，首先，要充分发挥教师的在廉洁教育中的主导作用。我们强调主体性原则，并不是否定或取消教师在廉洁教育中的主导作用，而是在教育"双主体"理念下强调"主体中的主导"。因此，开展大学生廉洁教育，教师的主导作用不可忽视，这是贯彻主体性原则的重要环节，为了充分发挥教师的主导作用，必须不断提高廉洁教育教师的综合素质。其次，要努力提高大学生的自我教育能力。通过廉洁教育，使大学生的主体意识不断增强，进而激发他们的积极性、主动性和创造性，不断提高他们的自我教育能力，最终实现廉洁教育目标和自我发展，这是廉洁教育主体性原则的核心价值。在大学生廉洁教育过程中，要坚持以问题为导向，着力引导他们提高分析问题和解决问题的能力。让他们在理论学习和社会实践中，实现自我认知、自我评价、自我监督、自我激励和自我控制，使他们的知、情、意、行和谐发展，形成良好的廉洁心理品质。最后，要注重将个体教育与集体教育有机结合起来。廉洁教育的主体性原则，不仅强调个体的自我教育，而且强调集体成员之间的相互教育、彼此影响，因为集体教育是个体教育的组合，个体教育是集体教育的基础。从心理学的从众心理角度来看，当集体教育做得好，个体教育自然事半功倍。因此，大学生廉洁教育要注重培养带头人，发挥示范引领作用，并在集体中营造良好的廉洁教育氛围，为个体的自我教育提供良好的环境。

4. 层次性原则

层次性原则是指廉洁教育要承认教育对象的差异性，根据教育对象不同的思想状况、心理特点、学习能力等进行分层次教育，既考虑少数的特殊性，又考虑多数的普遍性，将个性与共性有机结合起来。教育对象的层次性特征决定了廉洁教育的层次化施教。大学生廉洁品质的形成和发展；从根本上说，是由其所处的社会关系所决定，包括政治面貌（学生党员、学生干部、普通学生等）、经济地位（家庭经济背景）、人际交往等环境因素。同时，个体生理特点、心理素质的差异也影响到廉洁教育的程度和效果。在现实社会中；人们总是千差万别，大学生也具有多样性的特征，大学生的多样性特征，既表现为思想道德品质的优、中、差等状态层次，又表现为新生、老生、毕业生等阶段层次，也表现为专科生、本科生、研究生等学历层次。特别是随着网络新媒体时代的到来，使得大学生的思想观念、价值取向、生活方式等更加趋于多元化，所有这些都表明，大学生客观上存在着复杂的层次性和动态性。因此，廉洁教育只有坚持层次性原则，才能取得预期的教育效果。我们将大学生分为不同的层次，目的是为了使廉洁教育更加符合他们的实际情况，以提高教育的针对性，而不是片面地进行等级划分。

坚持廉洁教育的层次性原则，是为了解决传统教育中长期存在的"一刀切"弊端。传统教育的"一刀切"现象，就是以同一标准和要求去面对所有的学生，而不考虑学生客观存在的差异性，这种脱离实际、缺乏针对性的结果就是实效性差。一般情况下，传统"一刀切"的教育目标要求过高，而先进的学生毕竟是少数，如果用对先进学生的教育目标来要求绝大多数的学生，就会脱离学生的实际基础，脱离大多数学生的实际情况，其教育效果自然差强人意。因此，要关注学生客观存在的差异性特征，进行层次化教育，既要鼓励优秀学生，又要照顾大多数学生，只有这样，才能体现因材施教，满足不同层次、不同起点学生的发展需要和心理期待。

那么，如何在大学生廉洁教育中坚持层次性原则呢？首先，要进行深入的调查研究，准确把握大学生的思想特点和心理特征。大学生的层次性是客观存在的，并随着他们学习生活环境和个体生理心理的发展变化而不断地发展变化。坚持层次性廉洁教育原则，前提就是必须准确把握大学生的思想特点和心理特征，并将其置于时代发展要求的条件下加以考察，才能科学认识和准确把握大学生的思想特点和心理特征，进而有针对性地对大学生进行廉洁教育。其次，要结合大学生思想和心理的层次性，确定层次化的廉洁教育目标和内容。在调查研究和分清层次的基础上，确定适合不同层次大学生的廉洁教育目标和内容，以便做到因材施教、循序渐进和逐步提高。比如，在廉洁教育目标的确定方面，对于党员学生和学生干部，就必须坚持高标准、严要求，要求他们在廉洁品质方面发挥示范带头作用，而对于大多数的普通学生，则要加强诚实守信、反对腐败等方面的教育。廉洁教育内容的确定，也应与廉洁教育目标相适应，针对不同层次的大学生确定不同层次的廉洁教育内容，只有这样，才能避免大学生的逆反心理，促进大学生将其内化与外化。最后，要努力营造满足不同层次大学生的廉洁教育氛围。要通过校园文化、班级文化、社团文化等不同的文化载体营造风清气正的文化生态，使其既能满足大学生群体发展的共性要求，又能满足大学生个体发展的个性需要，让每个大学生的廉洁素养都能获得自由而全面的发展。

5. 渗透性原则

渗透性原则指的是高校廉洁教育要融入大学生学习生活的方方面面，而要做到这一点，就必须努力构建"三全育廉"体系。"三全育廉"派生于当前正在兴起的"三全育人"理念，即全员育廉、全方位育廉、全过程育廉。2017年12月，教育部发布的《高校思想政治工作质量提升工程实施纲要》明确提出，充分发挥课程、科研、实践、文化、网络、心理、管理、服务、资助、组织等方面工作的育人功能，切实构建"十大"育人体系。这"十大"育人体系就是高校的"十大"业务工作，与大学生的学习生活息息相关，如何将廉洁教育内容融入"十大"业务工作当中，成为高校廉洁教育的重要任务。大学生的廉洁问题往往源于他们日常的学习生活，只有渗透到大学生日常的学习生活当中，才能满足他们的精神需要，并及时发现问题和解决问题，从而增强廉洁教育的针对性和时效性。

坚持渗透性原则，对高校廉洁教育具有重要的现实意义。首先，只有坚持渗透性原则，才能形成大学生廉洁教育合力。把廉洁教育渗透到课程、科研、实践、文化、网络、心理、管理、服务、资助、组织等各项工作中，结合各项工作实际来育廉，就会形成全员育廉的工作合力。其次，只有坚持渗透性原则，才能更好地发挥廉洁教育效能。廉洁教育并不是独立的教育体系，而是与大学生的学习生活紧密相连，因此，要把"十大"业务工作作为廉洁教育的重要依托，因为这"十大"业务工作使廉洁教育有了用武之地。如通过参与科研工作，让大学生认识到做科研要有严谨求实的工作作风，意识到学术不端给个人声誉带来的不良后果。通过资助工作育廉，可以培养大学生的诚实守信意识、勤俭节约习惯、勇于担当精神等，这些都是廉洁教育的基本内容和重要目标。只有坚持渗透性原则，才能有效避免大学生廉洁教育和高校日常业务工作的"两张皮"现象。

如何坚持廉洁教育的渗透性原则？首先，高校教师要增强在业务工作中渗透廉洁教育的意识，自觉将廉洁教育元素融入各项业务工作当中，并努力挖掘业务工作蕴含的廉洁教育因素，对大学生进行全方位的廉洁教育，从而实现业务工作和廉洁教育的有机融合。其次，要建立各部门各方面的协同机制，形成齐抓共管的廉洁教育合力。廉洁教育不能只靠少数专职的思想政治理论课教师，而是要靠所有的部门和人员，形成全员协同育廉格局。为此，高校各部门和人员要在完成业务工作的同时，结合自身岗位职能与优势，承担相应的廉洁教育任务，形成全员育廉的网络体系。

6. 示范性原则

所谓示范性原则；指的是教师要以身作则，通过自身的清正廉洁来感染学生、正面影响学生。从某种意义上说，廉洁教育的过程，也是教师通过自身的模范行为对学生进行启迪和示范的过程。廉洁教育要取得实效，不仅要靠真理的力量，而且要靠教师的人格魅力。所谓真理的力量，就是教师所讲的东西必须符合实际，符合社会发展的客观规律；所谓人格魅力，就是教师必须以身作则、率先垂范，努力践行廉洁自律的道德要求和价值理念。这就要求教师既要结合社会发展的客观规律对大学生进行廉洁教育，更要以身作则、言行一致，以自身的清正廉洁形象去影响和教育学生。

大学生廉洁教育所要求的廉洁意识、廉洁文化、廉洁行为等，不仅离不开廉洁教育的课堂教学，更离不开教师的示范践行。大学生廉洁素养的培育，一方面是通过廉洁知识的学习，另一方面是通过教师的行为示范，才能实现内化与外化的统一，由此可见，教师的示范作用对大学生廉洁素养的培育显得极其重要和必要。因为教师承担着向大学生传导廉洁思想和廉洁价值观的重任，教师是否认同和践行廉洁思想和廉洁价值观，对大学生是否接受并内化廉洁思想和价值观至关重要。可想而知，让一个爱贪便宜、言行不一的教师给大学生进行廉洁教育，其效果会如何糟糕。因此，教师的以身作则、率先垂范，是使廉洁教育产生强大道义力量的重要因素，是确保廉洁教育取得实效的必要条件。

坚持示范性原则，就必须做到"学高为师、身正为范"。首先教师要加强理论学习和人格修养，不断提高自身的思想道德水平。教师的影响力主要是"非权力影响力"，它和主要由职位因素赋予的带有强制性的权力影响力不同，主要是由品德、才能、知识、情感等因素所赋予。在这些因素中，品德是"非权力影响力"的核心要素，高校教师的品德会对大学生产生直接而深远的影响，因此，高校教师必须做到洁身自好、公正廉明。此外，高校教师要努力做到"行为世范"，带头践行廉洁思想和廉洁价值观。教师在廉洁方面的"身教"，会产生"无言"的教育力量，有着"言传"不可替代的重要作用，正所谓"喊破嗓子，不如做出样子"。因此，教师要以身作则，凡是要求学生做到的，自己首先要做到；凡是禁止学生做的，自己坚决不做。只有坚持示范性原则，才能提升廉洁教育的影响力和实效性。在新时代，"四有"好老师应是高校教师的标配。

第三节　大学生廉洁教育的管理

大学生廉洁教育是高校思想政治工作的重要内容，它是由多个廉洁教育要素组成的相对独立的教育体系，其中，廉洁教育管理就是重要的构成要素。廉洁教育的功能发挥、过程推进、目标实现等，都离不开廉洁教育的管理工作。因此，明确大学生廉洁教育的管理目标和把握大学生廉洁教育的管理准则，创新大学生廉洁教育管理的体制机制，对于丰富和完善管理育人理论体系，提高大学生廉洁教育实效，具有重要的现实意义。

一、大学生廉洁教育管理的内涵

对思想政治教育管理的定义，主要有两种代表性观点：一是"思想政治教育管理是指思想政治教育的领导机构与管理者，通过对思想政治教育进行科学决策、计划、组织、调控和评价，以实现思想政治教育目标和增强思想政治教育系统功效的过程。二是思想政治教育管理是指思想政治教育的管理机构，通过管理者对思想政治教育进行科学决策和正确指挥，以实现思想政治教育目标的领导行为科学。结合上述观点，大学生廉洁教育管理的内涵可以界定为：高校廉洁教育领导机构及其廉洁教育主体，通过决策指导、组织协调、运行控制等管理手段，对廉洁教育资源进行科学配置、有效整合，以实现大学生廉洁教育目标任务的创造性活动过程。

二、大学生廉洁教育管理的特点

管理是对组织的资源进行有效整合以达成组织既定目标与责任的动态创造性活动，动态性、科学性、创造性、艺术性以及经济性是其基本特点。大学生廉洁教育管理除了具备上述管理的基本特点以外，还具有以下几个特点。

一是方向性。这是大学生廉洁教育最为明显的特点。大学生廉洁教育肩负着重要的意识形态使命，而加强管理是确保意识形态主导和引领大学生廉洁教育沿着正确方向发展的重要手段和基本保证。大学生廉洁教育管理的方向性，必须坚持以习近平新时代中国特色社会主义思想为指导，以党的教育方针政策为依据，正确处理好廉洁教育管理的各种关系和问题，确保廉洁教育朝着既定的目标推进，以增强大学生的廉洁意识、树立正确廉洁价值观和提高拒腐防变能力。大学生廉洁教育管理的方向性，体现在大学生廉洁教育的决策和计划中，也体现在管理者的教育理念和教育行为中，更体现在具体的廉洁教育管理运行机制中。

二是民主性。大学生廉洁教育管理要取得实效，就必须坚持以人为本，这是人的主体性发展的必然要求，也是管理现代化的基本要求。坚持大学生廉洁教育管理的民主性，首先要求管理者发扬民主精神，用民主的方法来实现管理的职能，建立和形成大学生廉洁教育的民主管理制度。其次，要求大学生积极参与到廉洁教育的管理活动中，发挥他们的主观能动性、积极性和创造性，实现全员管理。最后，要求做到管理和自我管理相结合，以不断提高廉洁教育管理效能。

三是开放性。新时代是信息开放的时代，信息数量的增长、传播的极速、工具的多样等深度影响着人的思想和行为，如果我们用封闭的管理方式进行管理，就很难摸清大学生的思想动向和行为规律，因此，必须坚持开放性的管理意识和思维，让大学生廉洁教育管理系统全面融入社会、家庭、社区等各种组织当中，建立起相互协调的管理网络体系，把大学生廉洁教育的社会资源整合进来。同时，要以开放的心态吸收和借鉴国外大学生廉洁教育先进的管理经验。

三、大学生廉洁教育管理的目标

大学生廉洁教育的管理目标，指的是在大学生廉洁教育过程中，采取科学合理的管理手段和方法所要达到的预期效果，主要包含科学化管理和有效性管理两个方面。

（一）科学化管理

科学化管理是大学生廉洁教育管理的首要目标，既能提高管理效率，又能降低管理成本，规范化、制度化和民主化的有机统一是管理科学化的具体体现。规范化具有体制机制健全、运行规范有序、方法严谨科学等特征，这就要求高校廉洁教育管理者从大学生的思想实际出发，遵循思想政治教育的"三大规律"，在管理过程中严格照规章办事，杜绝主观臆断，确保管理的公平公正、科学有序和规范有效。大学生廉洁教育管理的规范化包括目标计划的规范化、评估决策的规范化以及队伍建设管理的规范化等。制度化是确保大学生廉洁教育有效有序推进的基本保障，大学生廉洁教育从根本上说是做人的工作，其根本目的就是培养大学生的廉洁素养，这是复杂的心灵塑造工程，如果没有操作性强的制度保障，就很难奏效，因而在实施大学生廉洁教育的过程中，要把原则性的目标转化为可考评的指标体系，形成可操作的制度，并要求大学生廉洁教育利益相关者强化制度意识，加强大学生廉洁教育管理的制度建设。民主化是大学生廉洁教育的特殊要求，在管理过程中必须坚持民主原则、发扬民主作风、运用民主方法，这是廉洁教育的基本原则，也是廉洁教育管理科学化的具体表征。因此，高校管理者在大学生廉洁教育管理过程中，要发挥集体管理优势，集思广益、畅所欲言，不能独断专行，虚心听取广大师生的意见，及时采纳合理的建议，民主决策、科学决策，为大学生廉洁教育营造民主的管理氛围。

（二）有效性管理

有效性管理是指大学生廉洁教育管理活动产生积极的教育效果和社会效果。其主要表现为：一是能够促进大学生自由而全面发展。即通过廉洁教育管理，在促进大学生廉洁道德品质形成的同时，也促进大学生德、智、体、美、劳全面发展，廉洁教育能够帮助大学生认清自己所处的环境地位，从而调动大学生的主观能动性，激发他们的创造性，促进他们健康成长、全面发展。二是促进新时代中国特色社会主义全面发展。作为思想政治教育管理的重要内容，廉洁教育管理属于上层建筑的范畴，对经济基础具有能动作用，对社会发展具有促进作用。大学生作为国家和民族的未来与希望，肩负着建设中国特色社会主义的历史使命，他们的廉洁素养直接关系到整个社会的风气，关系到党和国家事业的兴衰成败。对大学生廉洁教育来说，廉洁教育管理的有效性直接体现为培养出社会主义的合格建设者和可靠接班人，间接体现为社会主义市场经济建设、全面从严治党和社会全面发展等能够协调发展，为建设新时代中国特色社会主义提供智力支持和人才支撑。具体来说，就是能够帮助大学生深入认识和贯彻落实党的路线、方针和政策，不断增强"四个意识"，坚定"四个自信"，坚决做到"两个维护"；能够帮助大学生系统了解党风廉政建设和反腐败斗争，并积极参与反腐倡廉建设，为建设"廉洁中国"作出应有的贡献；能够帮助大学生不断强化廉洁自律意识，树立正确的廉洁价值观和提高拒腐防变能力。

四、大学生廉洁教育管理的准则

大学生廉洁教育的管理准则就是高校廉洁教育管理活动所必须遵循的准绳或规范。它贯穿于高校廉洁教育管理的全过程，起到指导和约束整个廉洁教育管理的作用。大学生廉洁教育管理的准则主要包括以下几个方面。

（一）方向性和实效性相统一

方向性是指大学生廉洁教育管理必须有明确的政治方向，这是大学生廉洁教育管理的基本准则，是廉洁教育阶级性的具体体现和内在要求。中国特色社会主义制度决定了大学生廉洁教育管理的方向，就是必须坚持以人民为中心，体现新时代党的政治建设的总要求。具体到高校，就是坚持以学生为本，"围绕学生、关照学生、服务学生"，把方向性要求贯穿到廉洁教育管理的全过程、全方位，使大学生不断坚定理想信念，在廉洁教育实践中把自己锻造成为堪当民族复兴大任的时代新人。

大学生廉洁教育管理在坚持中国特色社会主义政治方向的同时，还必须追求实效性，即廉洁教育管理的实际效果，这是检验高校廉洁教育管理成败的标准尺度。实效性主要是看大学生对廉洁的知、情、意、行表现情况，以及廉洁教育管理的质量和效率问题。基于廉洁教育的特殊性，对管理工作的要求应该是高标准、严要求、高质量、高效率，即在实施大学生廉洁教育活动的计划方案、过程监测、结果反馈等环节都要做到科学合理，力求取得最佳效果。

（二）系统性和针对性相统一

系统化管理是现代管理的基本特点。大学生廉洁教育管理的系统性要求，在管理过程中要用系统的思维和方法，对大学生、廉洁教育过程等加以系统分析，以追求取得理想的廉洁教育管理效果。坚持大学生廉洁教育管理的系统性准则，主要是基于大学生廉洁教育过程的动态性、内容的多样性和目标的层次性等方面的考虑。

在大学生廉洁教育管理过程中，如果没有坚持系统性准则，就难以从宏观上把握其整体性，缺乏大局意识就会导致顾此失彼现象的发生，甚至割裂各部分之间的联系；如果只注重整体把握，而缺乏对具体问题的微观探索，就会导致教育目标的空泛化和抽象化，失去教育的针对性和目的性，两种结果都会影响到教育的整体效果。因此，大学生廉洁教育管理要在坚持系统性准则的同时，也要坚持针对性准则。

（三）长期性和连续性相统一

大学生廉洁思想观念的形成、廉洁思想认识的转变是一个长期的过程，尤其是廉洁观的树立更不能指望在短期内就能实现，而是要经过反复地认知、甄别、选择、认同、内化和践行等环节才能实现。因此，大学生廉洁教育管理要坚持长期抓。同时，意识形态领域斗争的复杂性，也要求大学生廉洁教育管理必须坚持长期性准则。

大学生廉洁教育的长期性包含了连续性，即抓在日常和抓在经常，不能等到廉洁问题出现了才抓，没有问题就不抓，而是以预防为主，确保廉洁教育时间不中断。要结合大学生的不同层次和不同学习阶段，制定科学合理的教育计划，使廉洁教育按照既定目标有序、有效、持续地推进，实现廉洁教育长期性和连续性的有机统一。

（四）理论性和渗透性相统一

大学生廉洁教育作为高校思想政治教育的重要组成部分，本身就具有很强的理论性，这就要求廉洁教育管理也要坚持理论性准则，即以科学的理论为指导，有效开展廉洁教育管理。理论对管理工作具有不可替代的作用。对理论的把握和运用程度，将决定着大学生廉洁教育管理的效果如何。在大学生廉洁教育管理中坚持理论性准则，最根本的就是要坚持以习近平新时代中国特色社会主义思想为指导，深刻领会全面从严治党的战略布局，科学运用马克思主义基本理论和科学方法指导解决大学生廉洁教育面临的现实问题。

在大学生廉洁教育管理实践中，要把理论性准则和渗透性准则进行有机结合，遵循大学生思想发展规律，把廉洁教育渗透到专业教育、学生事务管理、社会实践活动当中，与具体的教育教学活动进行有机结合，融合各种教育要素，发挥潜移默化的廉洁教育作用。高校廉洁教育的职能在于培养大学生的廉洁素养，这种职能的发挥仅靠理论灌输是远远不够的，还要靠实践来"外化"他们的素质和能力。因此，要结合大学生的学习和生活实际，加强廉洁教育的渗透性和寓他性，才能有效提高廉洁教育的针对性和实效性。

第五章

高校大学生创新创业教育管理

第一节　大学生创新创业教育的理论支撑

　　创新创业教育的目标是培养人才，使其具备创业综合素质，尤其是开创精神。关于创业的一切教育，并非简单地停留在学校，而是要从学校延伸到全社会，使所有产生了创业想法、正在创业或是创业成功的群体都受益。为此，创新创业教育应具备相应的层次，所教授的创新思维和能力，要根据不同性质群体的特征进行区别。创新创业也并非空喊的口号，而是要求必须先掌握必要的知识，而后具备将其转化和应用的能力。高校培养创新创业人才，是以前人经过研究得出的理论为基础的，借此实现教育创新，构建更有利于人才培养的教育体系。

一、人力资本理论

　　人们常说的人力资本，实际上就是管理人员或技术人员身上所具备的科学知识、创新能力和扎实肯干的业务精神。人力资本一说最早诞生于 18 世纪。1776 年，现代经济学代表人物亚当·斯密在其代表作《国民财富的性质和原因的研究》中表示，在人的职业生涯中，通过知识培训或自我学习获得的知识技能是个人能力的部分前提，也可以看做是人类社会部分财富，是全人类社会固定资产的其中一部分。

　　随着经济和科技的发展，到 20 世纪中叶时，越来越多的人开始将目光转向人力资本，产生了诸多具有代表性的观点。其中尤为突出的是美国的西奥多·W·舒尔茨，其在《论人力资本投资》中表示："事实证明，人力资本是社会组织和个人投资的产物，其质量高低完全取决于投资多少。"人力资本，从字面上理解就是人类向自我的投资，更关注的人口的综合素质，作为一项软实力，它有时候比硬件设施更为重要。而作为人类智力资本形成最重要的途径，教育是每个国家每个行业都必不可少的。很多西方国家的学者指出，教育作为一项生产性的高效投资，在每个国家的经济高速发展的过程中都起着至关重要的作用。

在人类所拥有的一切资本中，人力资本是第一宝贵的，自然成了现代管理的核心。一个国家，一个企业如果想要长期繁荣，就必须将重心放在经济领域，不断提高自己的综合实力。提高综合实力的关键在于人，取决于管理人员和技术人员的综合素质，一个现代化的人才必须充分发挥自己的潜力，适应社会并服务于社会，所以企业做好人才管理工作显得尤为重要。

第一，采用科学的理念管理人才队伍，通过科学高效的管理方式使人的潜力得到最大化发挥，并且使企业的人才成本得到高效利用，使人的技术价值在企业的发展中得到应用。

第二，采用一定的奖惩措施，使企业的管理人员和技术人员的工作主动性和产品创造性能够得到充分发挥。相关研究表明，企业采用常规的计时工资只能将员工 20% 左右的工作潜力发挥出来。如果能够将员工的积极主动性、创新创造性和埋头苦干的作风充分调动起来，那么其工作潜力可以得到大幅提升。

第三，通过教育和培训，人力资本的效能可以不断提高。随着高科技的不断出现，不管是在经济领域，还是在政治文化领域，一切事物都是为了人类的长远发展。马克思曾经指出，科学技术是提高人类社会生产能力的重要手段之一，同时也是能够极大地促进人类全面发展的唯一法宝。伴随着人类社会的不断进步，人才教育和知识培训在企业日常管理中占据的角色也将越来越重要。

新时代中国的发展是朝着信息化大国的方向感前进的，这必将是一个知识权重占比很大的时代，人才是经济发展的根本。通过调查发现，毕业生人数逐年增多，进而使得就业压力越来越大，同时国家经济又处于不断裂变的态势之中，在变幻莫测的市场环境中，企业发展的变革正在倒逼高校进一步研究和总结人才培养模式。需要培养的人才，除了知识和技能，综合素质也逐渐成为重要关注点，因此要求人才具有更深的文化底蕴和创新精神，只有这样，培养出的人才才可以更好地推动我国的现代化主义建设进程。

二、实用主义教育理论

19 世纪末期，实用主义教育理论在美国诞生。它强调在教学过程中，老师与学生之间的关系很重要，老师和学生配合得好，教学会事半功倍，老师要作为学生的伙伴去参与学生的活动中，帮助学生去发现并解决问题，而不是漠不关心，教师和学生都会在这种共同努力的环节中发现自己的问题，从而提升自己；要坚决抵制对学生威逼利诱这种方式，老师和学生要有一个平等的地位，他们要相互合作共同去完成每一次的教学过程。

实用主义教育理论的观点总结如下：

第一，教育即生活，教育和生活是不可分割的一个整体，而不是为将来的某种生活做准备。

第二，教育是每个人人生经验增长过程中的砝码，教育是为了让学生们在真实的环境中成长，这也是教育的最终目的。

第三，传统的教育理念侧重于学科体系的建立与完善，把学生控制在一个固定的模式里，而实用主义教育是以学生为中心的，它认为，以学生的经验与发展为中心，可以更好地促进学生的发展，也就是因地制宜和因材施教。

第四，在新的教育体系中，学生是月亮，教师是星星，教师要作为学生的辅助者发光发亮。

第五，在实用主义教育中，更侧重学生创造性思维的开拓，让学生在学生的过程中发现解决问题。

总之，实用教育理论主要是以学生为核心的教学思想，这种思想非常适合当代社会的发展格局，为高校适应新的人才战略提供合适的参考目标。

三、创新型国家理论

通常全球范围内的国家主要分为两种，而划分标准则是该国家的发展历程属于工业化还是现代化：一部分国家凭借对国内的丰富天然资源进行交易来获得财富，例如中东国家，这些国家主要是靠丰富的石油资源发家致富，这种国家被称为资源依赖型国家；一部分国家依靠发达国家来进行工业化和现代化建设，这被称为依附型国家；另外还有一部分国家，如中国等被称为创新型国家，这些国家重视人才，重视技术，将大量的资金投入创新竞争，这样的方式使得这些国家人才辈出，发展迅猛，国际地位逐步上升，科技进步与技术创新是这些国家产业发展的核心驱动力。

作为创新型国家，至少要具备以下四个特点：

第一，以强大的财力支持人才培养和技术创新，国家用不少于全国 GDP 的 2% 的经费来支持技术研究；

第二，拥有较强的自主创新能力，国家只有不足 30% 的技术需要依靠其他国家或地区；

第三，拥有超过 70% 的科技进步贡献率；

第四，国家拥有大量新型的创新项目。

当今世界的创新型国家大约占十分之一，而发明专利的数量要占百分之八十以上，要想在国际竞争中占据优势，就必须通过科技创新来提高国家的核心竞争力。早在 2006 年，国务院就发布了《国家中长期科学和技术发展规划纲要》，其中明确指出为建设创新型国家要采取何种具体行为，要充分掌握国内外的当下和未来形势，打开国门走出去，高举社会主义旗帜，通过自主创新来实现更进一步的现代化。在国家整体创新环境中，高校的作用不容忽视，除了生产知识之外，其还要建设知识体系、为科技创新提供必要的知识服务，并依据国家社会需求培养专项人才，尤其是创新人才，对于科技成果转化和社会主义现代化建设等来说，其作用无可替代。因此，在人才方面国家要投入更多，通过创新高校、创新人才、创新产业来逐步带动我国的创新型发展，推动我国的现代化进程。

四、人的全面自由发展理论

马克思在《共产党宣言》中指出了社会发展的根本目标，即"每个人的全面而自由的发展"。所谓"人的全面而自由的发展"，蕴含了两个方面的内容：一是人的性格和智慧得到全面的合理的发展，具体来说，就是在道德、智力、情感等方面得到全面和谐的发展；二是人的个性和才能得到自由自主的发展，也就是进行自由的生命活动和自觉的创造活动，"一切人的自由发展"与"每个人的自由发展"及其辩证关系，构成了马克思"人的全面而自由的发展"理论的基本内容。

根据上述可知，人要在个性、能力、自由等所有方面实现发展，才是全面发展。反观传统教育模式，其所培养的人才旨在能够解决经济社会出现的诸多问题，用统一的教育体系来实施培养，因此人才大同小异，个性不突出，并不符合全面自由发展的要求。根据创新人才的定义，使其具备创新思维、创新能力、创新品质等创新必备的条件，遵循了人的全面自由发展原则，把人的全面发展作为重中之重，而人的全面发展是要以社会、经济、文化的综合平衡发展为前提的。他们会对彼此产生影响和促进作用，人的全面发展必然会推动社会各方面的革新，以此造福社会与大众。反过来说，人的全面自由发展，也离不开较高的社会物质精神财富。

在长期发展中，高等教育实践过程已逐渐普及了人的全面自由发展理论。这从国家始终强调高校要遵循"以人为本"的教育理念和培养理念就可看出来，只有实现人的全面自由发展，社会才能走向和谐。也就是说，个性全面自由发展是培养创新人才的终极目标，高校必须切实以此为理念和目标，在学生创新方面投入更多的教学力量，牢牢把握大学生不同于社会人群的心理和生理特征，主动培养具有高素质、高能力的人才。

五、创新教育理论

在能否清楚地理解知识和实现知识积极转移的基础上，分裂出知识的两个类型，即显性知识和隐性知识。后者普遍深入社会生产、生活的所有过程中，等待着掌握了知识的人一一发现，然后深入研究、分析、总结，克服困难并解决难题，将成果展现和应用于社会生产生活，这就是技术进步。技术进步并非一蹴而就，而是在漫长的时间中沉淀、积累，实现量变到质变的飞跃，将隐性知识逐渐变为显性知识，这一过程不可省略，且往往需要重复进行，对信息进行获取、整理和分析，以此得到知识的核心内容，从而更好地传播。在这样的过程中，信息通过碰撞产生化学效应，从而产生新的想法和理念。知识的互相传递需要接收方进行了解、深入研究并一步步消化，只有这样才能形成自己的知识块。

知识经过内部消化，新创造的显性知识就变成了其他成员的隐性知识，这种方式的目的是实现知识的应用和创新。众所周知，知识管理最终也是为了实现知识的创新和应用，要想让组织在新的竞争中占据足够的优势，需要组织在知识内部消化中创造出新的知识，知识的内化是一个头尾衔接的循环过程，能够提高了组织的竞争力。

这种知识的转变过程是以创造知识为前提的，技术的突破革新往往需要不断出现的新知识的支持，而生产知识又常常通过隐性知识转化为显性知识来实现。例如，在企业中，员工的知识普遍存在，却不为人知，这就是隐性知识，但这些隐性知识推动企业持续产生新知识，是必要的存在。企业需要考虑如何在重重障碍下来破除转化过程中的障碍，提高知识产出的能力。企业中的劳动工人将自身的知识与其他工人的知识相互交流，提出新的方法，这就是知识从隐性到显性的过程，就是智力运用与创造的过程。

　　高校是培养高技能人才的专门机构，企业的一线工人必须在具备创新教育的相关背景下才有更大的可能去进行创新性的劳动，才会有新知识和新技术的产出。高等教育培养的是灵活的、具备相应素质和能力的人才，并非单纯听话的机器，要想培养创新型人才，就必须把创新教育作为人才培养中的核心内容。

第二节　大学生创新创业教育的开展

一、创新创业教育在经济转型期的开展

　　在经济转型期的新形势下，要突出自主创新的效力，高等教育必须从教育体制改革和创新等方面来着重培养学生，使学生们能及时通过最新的科研技术提高自我的创新能力，形成新的思维和竞争方式。经济转型期的创新创业教育带有不同于其他时期的发展特征。

（一）思想和行为的共同发展

　　在思想和行为上共同发展，意味着创新创业教育的有效落实。经济转型期，要求大学生踊跃加入创业大军，为此首先应形成正确合理的创业观念，而后采取相应的创业行为。高校实施培养计划时，教师可以将创新创业的理念融入学生的专业课程中，将各种创新创业的知识传授给大学生，让大学生在思想上正确认识创新创业，然后形成目标行业的创新创业理念，以此指导大学生做出创新创业行为。同时，开展创新创业教育时，要让大学生明白积极创新创业的重要性和必要性，这也是引导大学生走上创业之路的必然要求。

（二）知识型创新创业能力的提高

　　对学生进行创新创业教育时，应以知识型创业主要目标。并根据创

新创业的基本特点，解释何为知识型创业，并说明从事该方面的主体为知识劳动者，就是我们通常所讲的大学生。知识型创业更加强调创新的作用，从思想上打破常规，并不断学习、提高创新能力。其要求大学生正确定位创新能力，考虑市场目前的需求，结合企业的最终目标以及影响行业生产的条件的基础上来强化创新能力。但不可忽视的是，作为创新创业主体，大学生必须不断学习企业的新知识、提升自我创新能力，这是创新创业教育的重中之重。

（三）学生自我目标的实现

创新创业教育关注学生自我目标的实现，对他们进行系统性、层次性以及差异性的教育。教师应将多元化、系统性的创新创业教育传授给学生，使他们的创新意识、思维得到不断提升，从而提高其创业积极性和创业能力。其中，对有创业意识的学生，在结合专业教育的情况下进行差异化教育，使其创新实践能力得到不断提升。发挥学生创业实战技能方面的优势，在个性化、差异化和系统化的教育态势下，使学生的自身价值得到最大的体现。

（四）整体目标和长期目标的体现

创新创业教育的基本要求和教育模式主要体现在专业教育的基础上和对所有的学生进行人才式培养的过程中。教师不需要对学生进行与社会力量相关的特定价值观方面的说教，而是通过一定的教育理念，对每个学生的价值进行个性化的判断，体现出创新创业教育的整体目标和长期目标。

二、创新创业教育在信息化时代的开展

当前我国经济正处于转型期，实施创新创业教育，可在社会上增加就业岗位，同时也能缓解学生们毕业后的就业压力。从根本上来说，大学生创业不仅是为自己谋生路，也是在为其他需要就业的人员提供岗位，使得劳动力资源在社会上合理分配和利用，改善我国严峻的就业形

势，将社会引上和谐之道，实现健康发展。创新创业教育普遍开展，能够使大学生形成新的就业思想，提高其创业精神，进而为社会培养出诸多兼具较高创业能力和素质的人才，为我国高等教育提供有益的、必要的补充和发展。同时，还能使社会经济得到有效发展，社会就业矛盾得到缓解，最终使社会经济转型能够顺利实施，并逐渐趋于稳定。由此可以看出，创新创业教育是社会发展的必然要求。

（一）推动了知识经济的发展和社会经济的转型

知识经济就是利用创新能力（驱动资源）逐步替代传统生产要素（原始资源，如土地、人力、资本、原材料等）的过程。相较于传统以自然资源为生产动力的工业革命，知识经济体现出的是更长久、更深层次的社会转型，而所关注的重点就在于找到正确方法充分挖掘和放大人的创新潜能。毋庸置疑，当知识长期开发和积累，以此为支撑的技术将实现持续革新，经济得到进一步发展。但一切的根源在于将知识真正化成动力，而依靠的主体就是素质高和能力强的创新型人才。这种创新型人才必须具备较高的创新意识和较强的创新实践能力和创业能力，达到社会对人才的综合要求。当前，高等院校肩负着构建创新创业教育体系的重大使命，同时相比于其他组织机构，是创新科技知识的集中所在地，在传授、转化和应用知识方面的作用无可比拟，因此在知识经济时代扮演着重要角色。现在，随着知识经济时代形势的进一步演化，对人才培养提出了更高要求，高校的创新创业教育也调整了培养计划和目标，不再单纯关注学生就业，而是引导和鼓励大学生积极创业，同时不再单纯强调学生一味应用所学知识，而是要求其在应用基础上积极创新。因此，在知识经济发展的时期，高等学校所培养的创新创业人才必须是全面的、复合型的，才可满足知识经济发展对创新创业型人才的急迫需求。

由于我国正处于社会经济的重要转型期，计划经济存在的相关问题并没有完全解决，整个国内市场经济各方面发展尚未完善或成熟，对资源的配置和经济的发展要求较高。为了维护经济的稳定发展，只有对旧制度进行改革，形成覆盖全面、协调有序的新经济发展体系。在当前经济转型期，高校积极落实创新创业教育，能够全面提升经济素质，并实现经济的大踏步发展。同时衍生出更多产业，培育经济新增长点，使现有企业的产业链得到不断的完善和延伸。同时，对于受教育的人群来说，不仅可以提高其从业能力，还能使他们的创业能力得到提升。这种复合型人才符合我国市场经济转型态势下，社会对高素质、全方位、复合型人才的需求。

（二）全民素质和教育现状得到有效改善

全面改善国民素质，解决当前我国教育中的遗留问题，是进一步融合于知识经济时代、充分利用新科技、适应市场经济发展的必然要求。有利于更准确地把握社会提出的人才培养需求。与传统教育尤其是就业教育相比，创新创业教育不管是内容还是形式，都总结出了新的模式。改革开放以来，国家一直主张要通过不断的学习，找出解决经济增长过程中出现的问题和困境的解决方法，并消除人与人之间的差异。如果没有得到足够的学习，人类的发展形势将会越来越不利，人与人之间的差距将会越来越大。特别是学习方法较为陈旧的阶段，面对全球蔓延的共性问题，个人的力量显得极为渺小，缺乏充足的知识和能力解决问题。所以，无论是历史挑战还是未来问题，关键在于实现传统教育改革，全面普及以创新理念为主的学习和教育，维持国家健康发展。创新创业教育首先使大学生形成了不同于传统的创新就业理念，其次影响了高校根据社会需求来调整人才培养理念，这是我国高等教育改革的重要内容。我国创新创业教育要借鉴优势国家的发展经验，在各领域开展系统性、全面性、差异性的创新教育，并根据市场最近的科学技术不断深化教学体制改革，最终形成具有中国特色的创新创业教育教学模式。

对于创新创业教育的改革，国内高等学校应用从教育的理念、内容、方法、设施以及教育目的为核心内容出发，因地制宜培养出个性化、复合型的目标指向型人才。在我国市场经济转型的关键时期，国内要把提高国民素质、加强人才培养、提高经济建设、振兴国家经济作为首要任务。在创新创业教育的内容方面，要突破专业与行业间的壁垒，完善教育知识结构，拓展专业范围，使学生们能够根据自身喜好，选择感兴趣的专业知识进行学习和强化，构建适合本身的知识体系。学生在学习时，萌生创新创业念头，并随着学习的深入逐渐加固。而教师在授课形式上，除了传统的讲授方式，还应通过不同途径为学生提供讨论、练习的机会，在角色扮演或案例分析等实践中，提高学生捕捉商机、寻求伙伴、创立企业的能力。此外，学校还需要通过多种不同类型的创业实践活动，使学生们的创业经验不断积累，能够在激烈的社会竞争中屹立不倒。因此，应重新定义高校的教育功能，从社会、经济、教育、人才等多方面齐头并进、共同发展的考虑入手，培养学生的创新创业思想和行为能力。通过多样化、差异化、全面化的教育模式，为我国的经济发展培养出一大批新型创新创业人才，不仅是教育的历史使命，更是当前经济可持续发展的推动力所在。从社会视角来看，全面开展创新创业教育，是改善全民素质的重要手段之一，同时有利于促进我国高等教育加快改革进程，这也是形成国家创新体系对高等教育提出的责任与义务。而从我国国情视角来看，创新创业教育的开展势在必行，重点在于找到正确且科学的方法推动改革的顺利进行和深入。事实上，高校实施创新创业教育包括两层含义：一方面，创新创业教育的实施就是在为社会源源不断地输送兼具创新创业高素质和强能力的人才；另一方面，在我国经济转型关键时期，创新创业教育的开展能有效改善并完善国内教育内容体系的不足与缺陷。

（三）是区域经济转型的推动力与支撑点

现在，世界各国普遍通过创新创业教育来培养社会各行各业所需的新型综合人才，希望借此能够加快经济转型进程。尤其是对于区域经济而言，每个地区都注重区域特色和领军行业，而创业者所创造的财富成为区域经济发展的重要支撑。创业者自身的素质、创业能力以及数量对各地区区域经济的发展速度、质量、可持续性、稳定性起到决定性作用。而区域经济发展的速度和质量对新企业的数量同样也起到决定性作用。因此，国家经济发展状况如何，一般也通过该国家创业的数量和质量来体现。

（四）满足社会对新型人才的需求

劳动者的定义并非仅仅指贡献体力劳动的人，更强调能够提供脑力劳动的人才，后者是经济社会发展更需要的强大力量，而只有通过实施高等教育才能培养真正意义上的劳动者。创新创业教育是劳动者具备综合素质必须接受的教育内容之一，对大学生明确新就业观念和行为的鼓励，体现出其指引性，而通过向社会输送新型人才促进经济社会发展，则体现出其驱动力，综合来说，其是教育活动中的高层次教育。在职业发展方面，通常大学生在高校时期就针对未来发展制定职业规划，其具有长远性，是大学生综合各方面因素考虑的结果。但同时意味着该计划具有不确定性，因为包含着诸多影响因素。就大学生创业者个人而言，更为重要的是与创业相关的所有因素，如思想、能力、品质、专业知识等。只有接受系统的创新创业教育，大学生才有可能具备较高的创新创业综合素质和能力，进而将其发挥出来，应用于创新创业实践，再反过来使自身素质和能力得到逐步改善。可以说，创新创业教育和实践对于大学生创业者及其创业来说，是在二者之间形成了相互作用的关系，经历过创新创业的大学生，更有可能在自己的领域担当大任，把握经济社会需求，甚至从国内市场走向国际市场。

事实上，一个人是否具有较强的创业能力可以从他的创新水平与创业实践技能来判断，即创业的灵魂就是创新，而创新的实现方式就是创业。创新教育水平的高低，对创业者创业成败具有决定作用。为创新和创业都贴上创新实践的标签，基于此来分析创新创业活动，特别是以高科技为支撑的创新创业活动。创新教育的水平可以从培养人才未来的创业成果来体现，因此创新创业教育要注重对人才素质的培养，如培养出素质较高、创业意识较强、创业实践能力较强的人才，使学生们充分实现其人生价值和目标。创新创业教育在新时代引领了教育新风尚，创新和创业相融合，在教育中构成一个体系，而实施和培养的对象或者说主体，则是大学生，在高等学校进行创新创业教育实践中，应对学生们的创新意识和创业精神给予足够重视，并采取措施积极培养。因为就当下的创新创业教育而言，高校教育管理还有很多地方需要完善。

（五）促进绿色市场文化环境的构建与营造

处于社会中的企业，无论是已经存在的还是即将创办的，都要受到社会环境的巨大影响。为此需要相关职能部门发挥重要作用，在加强管理、各司其职的基础上，营造积极良好、和谐有序的社会大环境。一方面，政府要根据市场需求及时出台相应的政策、投入必要的资金。纵观世界范围内的创新创业教育实践，在该方面发展遥遥领先的国家，都为创新创业教育划分出专项资金，并将其作为人们接受系统教育的必要内容，认为这是国民教育的一部分。同时还围绕创新创业教育出台了一系列辅助政策或文件，通过此来保障创业者的创业活动，并督促企业主动接受相关教育。另一方面，在全社会掀起创业文化浪潮，普及创新文化，营造绿色市场文化环境。政府除了以政策支持教育活动开展之外，也在市场规范方面发挥着重要作用。构建并弘扬创新创业文化，有利于构建开放自主、良性竞争的行业发展环境，规范市场主体行为，使创新创业活动在市场规律的约束下稳定发展。

第三节　大学生创新创业教育的教学创新

对于高校的商学院、管理学院而言，学院内部的创业管理学科将创新创业教育视为具备专业性的教育模式，该模式以所有学生为对象，采取的教育策略较为专业，同时将人才培养理念融入其中，兼顾普及性、广泛性于一体。全体学生均可透过创新创业教育课程的学习而形成创业观念、具备创业精神、锻炼创业思维、掌握创业能力。可以说，高校开展的创新创业教育将技巧、知识有机结合，已成为目前国内高校的主流方向。

一、新时代背景下大学生创新创业教育体系

时至今日，信息化技术的发展对人们生活方方面面的影响都非常深刻，尤其是在高等教育方面，促使教育改革加快进程，尤其是进行创新创业教育，成为进一步推进高等教育改革的首要方面。以新时代背景为支撑形成高校创新创业教育体系，是当前信息化时代的明智选择，体系间彼此紧密联系，是循环往复的圆形发展轨迹。

第一，以新时代背景为支撑形成创业课程体系。在大学生创新创业教育中，担负着使学生掌握创业知识及思想的，是创新创业教育课程，对其进行合理设置，尤其是搭载信息化技术，再结合学生自身的特点和个性，建立随时随地可供学习的环境和课程。例如，利用新时代背景可以围绕创新创业教育设计网站，或是开发教育类型 APP，其内容包括成功的创业事例、教师线上教学视频等，方便学生随时学习和复习。为提高有效性，建议将其与学生的学分挂钩，督促学生坚持学习，掌握创新创业基本知识和能力。当然，也可以通过即使媒体创建线上联系，如讨论群组，安排专人轮班，便于 24 小时都能为创业者提供服务，或者给创业者提供满意的创新创业教育课程，按时组织大家参加活动，让其课程越来越具有影响力。

第二，发挥新时代的优势构建创业文化体系。综合考虑学生的特长成立创新创业教育社团，在此基础上，需要投入大量的人力、财力、物力，在各个角落开展创新创业教育活动，并使其影响力越来越大，营造良好的创新创业教育氛围；在各种报刊、公共场所进行宣传，以创业典型代表企业为榜样，尤其是其创业文化的借鉴，通过此来激励大学生创新创业，而取得成功的学生，也要给予其相应的奖励。借助多种方式营造有关创新创业教育的文化环境，潜移默化间影响大学生的学习，萌发创新创业念头，并随着接触面的拓展越来越坚定自己的想法，进而转化为内在动力，踏上创业之路，利用所掌握的知识和能力，开展创业实践。

第三，通过新时代即时交互，方便学生超越时空界限获取所需资源

信息。信息化技术普及的新时代，掌握主动权就应及时把握和利用信息化。基于此，高校可以将现实课堂转化为虚拟在线课堂，结合本校实际开发专门的 APP 手机客户端，或是创建其他公众平台如微信公众号等，分享有关创新创业的最新最热资讯，增加创业的魅力和对学生的吸引力。为了提高利用率和浏览量，建议定期聘请成功的创业者分享经验，与学生在线互动交流，解疑答惑，支持鼓励，坚定有创业想法的学生的信心，吸引更多学生积极进行创业。

第四，需要充分利用新时代信息化技术，为创业者搭建切实可行的模拟实践体系，创业需要动手动脑，不再仅仅停留在书面知识的学习上，而要将所学理论知识充分应用到创业实践中去，不再局限于传统的创业实践方式，而要将创造性、实践性的显著特征从各方面体现出来。高校主管领导应该积极主动组织大学生们参加实践活动，着眼于长远考虑能够令创业实践的目标最终达成，使得创业实践任务能够发挥长效作用。以完整、有效的考核制度作为手段，能够推进创业实践在高校中的开展，师生双方能够在相关工作中深入理解创业教育的价值。通过创业实践基地的建立与发展，日常教学管理内容与创业实践计划之间紧密相连，在预算支持、资金保障、物资辅助的作用下，使基地能够发挥实际效用。

第五，充分利用新时代信息化技术，为大学生创建创业教育评价相关系统。通过各种实际经验总结得出，仅仅依靠创业综合素质、创业能力是否得以提高和创业学生的多少三个指标做依据，并不能很好地反映真实情况。为了创新创业教育目标能够顺利实现，需要以信息化技术为依托，分别考察关键指标，包括创业率、影响力、成功率等，从而创建完善的考察模型，用大数据分析法，得出科学结论，从而推进创新创业教育健康持续发展。

二、创新创业教育教学创新的意义

（一）打破传统教学方式

有学者概括性地描述了传统模式所具备的特点：一是教师、学生二者之间知识的传递路径，即传授、记忆、回忆、再现；二是以"教"为主，"学"为辅；三是学生的正确解答被教师嘉奖，但近似解答、设想、解释等不予重视；四是教学期间，教师过于注重自身的权威；五是一味关注通过考试取得的分数，认为分数代表一切。对于学生来说，传统教学其实是让学生依靠记忆来学习，学生只要死板地记住教师和教材上教授的知识即可，真正的思考很有限。长此以往，学生便被此种教学方式所禁锢，自身的学习生命力被扼杀。课堂中的学生作为独立的个体，应被视为课堂的重要主体，然而从现实情况来看，学生参与教学过程的情况并不乐观，教师在教学时也只是激发了学生的理性认知，学生的非理性因素则被忽视，包括学习需求、学习动机、学习兴趣、学习情感、学习人格等。此种课堂的活跃性、灵活性较弱，学生身处其中无法感受到学习的乐趣，也就无法实现自身的突破，学生的好奇心理无法施展，难免产生厌学情绪，久而久之，对于教师而言，也陷入了消极的课堂气氛之中，容易产生教学负面情绪，所以研究并应用新的教学方法至关重要。

案例教学、体验教学以及项目教学这三种互动性更强的方式相较于传统模式而言，优势很明显。总体而言，其表现有三个方面：首先，自主性。学生不再是课堂中被动接受知识的角色，而变为课堂主角，教师则从主导者转变为引导者、导演者，学生被给予了展示才能的机会与空间；其次，拟真性。教师为学生提供客观环境以供模拟真实情境，根据不同环境的差异化特征，学生能够更高效地融入角色；最后，交互性。师生双方能够积极沟通、顺畅交流、彼此启发、实时互动，学生能够在师生双方的交互中锻炼问题的解决能力。由此可见，上述教学模式的优势突出，但实际上，传统教育观念一定程度上会制约创新性的教学方式。因此，学者在研究后认为，在心理上学生更倾向于案例教学法，但行为上却并非如此，因为他们缺乏参与的意愿、自由和信心。而这体现出学生身上存在的一些问题，如能力不足、态度不端正、认识不充分等。这是因为学生长期接受的学习都是被动的，家庭教育和学校教育都限制了学生自由个性的发挥，使他们无法勇敢地表达自己的观点，害怕让家长和老师失望。同时语言表达能力、独立思考能力、随机应变能力不强，需要较长时间才能进入角色，因此不少学生与案例教学格格不入，也很难取得良好实效。

根据上述可知，以案例教学方法为例，此方法对于传统教学方法所进行的改革较为全面，不仅涉及教学技术、形式包装，同时需要改变教育观念。而体验式教学则以体验训练为依托，引导学生在学习过程中进行反思，过渡上升到对于理论知识的理解，学生在受到启发后能够自主结合理论、实践。该方法可以有效打破传统教育体系里单一式教学、强制性灌输、理论主导、静态式接收的学习模式，学生所处的学习环境更加轻松、开放，有益于学生自觉积累知识、提升技能。项目教学方法为师生双方提供了共同参与、完成项目的机会，教师更多担任的是项目的提供者和指导者，而项目实施中运用到的知识、问题的提出和解决均由学生自己来完成，学生的积极性由此可以得到调动，主观能动性更强，自主学习意识逐渐强化，这也是创业过程中非常重要的一项能力。

（二）整体提高大学生创业能力

根据全球创业观察概念模型可知，创业活动源于机会、能力的有效结合。就现有形势来看，高校学生创业的主要难点在于自身所具备的创业能力不足以匹配创业机会。换言之，面对多元化的创业机会，大学生们的能力偏弱，无法有效抓住创业的绝佳契机。在此情况下，通过案例教学法的实践，学生能够强化创业意识、提升创业能力、培养创业思维，这也是当前国内高校开展创新创业教育的当务之急。学生创业能力的提升必须以实践为根基，高校需要引导学生养成"怎么做"思维，而非"是什么"思维。传统教学模式很难实现这一目标，而新的教学理念所具备的探究性则可以有效帮助学生改变思维。部分研究者指出，教育模式的转变是一场不可避免的教学革命。这场革命有三个特征：教育的起点和主体从教师转向学生；学生从被动者转变为主动者，从知识的接收方转变为探索方。教学被教育所替代，学生在学习知识、掌握技能的同时，还可以得到精神启示、树立智力品格、掌握心智状态，而学生的创造力首先是心智状态、思维方式问题，其次才是知识、技能问题。这对于实践性特征突出创新创业教育尤其重要。培养学生的创业能力不能过分地依赖知识的传授，而是要着力培养学生对自然现象和社会现象的关注度和敏感度、培养学生辨析和解决问题的习惯与能力、培养学生批判性思维的习惯与能力、培养学生拥有和珍视自己的心智生活。

学生知识面的拓展、应用能力的强化必须首先确认其在创新创业教育体系中的身份，应对学习方式进行重构，使学生通过探究与体验来进行有效学习，使知识内化为学生成长的养分，外化为"以整体性的人去看待整体的世界"的智慧。在创新创业教育过程中引入体验式教学法，创新创业教学体系也由此更加多元、立体、开放、互动，让学生在自我教育、自我培养的过程中提高认同感、找到归属感，才真正有利于培养和提升学生的创业意识认同感和创新精神归属感。项目教学法涉及多方面的知识内容，采用的是团队合作的方式，在项目具体实施过程中，团队成员可以根据需要来选择自己的任务。如果为提高项目完成的效率，则选择自己擅长的部分；如果想学习更多的知识来弥补自己的不足，则可以选择自己尚不太能胜任的任务。同时，在项目的完成过程中，团队之间的竞争会激发学生的集体意识，团队成员也会为了共同的目标而一起奋斗，增强与他人合作的能力。

（三）从容应对当前困境

由于当前我国高校创新创业教育课程普遍作为选修课程或者公共课程来开设，因而普遍存在课时少、上课人数多、专业背景复杂等问题，加上相关资源的限制，为所有学生提供实践机会非常困难。在这种情况下，要想保证创新创业教育的实际效果，只有借助于新的教学方法。

从根本上看，案例教学以问题为核心，将客观事件视为材料，训练和提高学习者在复杂情况下认识、分析和解决问题的理性思维与实际技能。它的精髓在于设置一种氛围和情境，引导学生在面临困惑及信息不充分的条件下，开动脑筋，勤于思考，做出决策，取得成功。案例教学法把求知和行动有机地结合起来，切合了创新创业教育的实践性特征，解决了通过课堂教学实现"做学结合""以学促做"的教育目标。体验式教学为学生提供了课堂实践演练的机会，学生可以参与体验"三位一体"，理论性、实践性、操作性"三维并进"，使更多的学生在体验过程中直击创业活动的现实问题，对于培养规避风险的能力具有重要意义。项目教学法通过项目的形式进行教学，项目的实施是学生通过运用自己的理论知识解决实际问题的过程，必然需要整合多方面的知识资源。同时，将学习知识和运用知识有机地结合起来，不仅能满足学生在创新创业教育中的实践需求，有效解决理论学习与实践相脱离的问题，而且能实现学以致用的教学目标。

三、创新创业教育教学创新的举措

创新创业教学需要突出实践性，区别于其他教育类型，其所要完成的教学目标无法通过理论讲解、知识传授等传统方式来实现。相比于显性知识教学，创新创业教育中的隐性知识需要采用非语言类的说明方式传递给学生，从形式教学的传统思维中跳脱出来，以逻辑性更强的方式引导学生进行反思。换言之，显性知识、隐性知识两种教育内容所采取的教学方式应该有所区分，才能够确保创新创业教育能够取得成效。基于此，高校需要开展课程、实践相结合的模式创新，将学、做有机结合，以实践为导向构建新的教学体系。

（一）重视实践教学

课堂教学需要解决教学内容的问题，即"教什么"。有学者通过对比教室学习环境与企业的真实世界学习环境后发现，学校非常强调过去，聚焦于理解、反馈和大量信息的分析。而在真实世界中，企业家聚焦于现在，没有时间进行批判性分析。他们花费大多数时间处理问题，通过自己的经验、通过做来学习，即"做中学"。

不难发现，以实践为导向的新型教学体系与企业的实际经营情况更加相符，也更契合企业家的思维，将实践教学视为学习环境设定的重点，对现实情况进行深度剖析，为学生构建更具备现实意义的学习氛围，这也是新型教学方法的设计关键。在教师所构建的学习环境之中，学生能够围绕实际问题展开探究、讨论，进而得出具有实际价值的解决方案，这被视为新教学课堂的核心。此外，课堂教学还需要解决教学方法问题，即"如何教"。教师需要采取区别于传统方法的探究式方式来完成教学任务，将案例教学、项目教学、体验教学等进行合理搭配，引导学生自觉决策、创新实验，从而帮助学生强化自己的主体意识，合理组织创业行为。

（二）构建体验平台

目前，我国高校创新创业教学体系中所采用的体验平台以"挑战杯"中国大学生创业竞赛为主，每年参与比赛的学生人数超过万名，学生在竞赛期间能够直接或间接体验创业过程。但也有研究者认为，该项活动为学生提供的参与空间具有局限性，适用对象无法覆盖全体学生，仅针对精英学生而言起到了训练作用，而大部分学生仅将自己视为看客，无法真正参与其中，因此平台的形式效应大于应用效应。

从本质上看，这一问题一方面来源于活动组织方，另一方面来源于活动本身。问题的解决方法需要政府、学校、社会三方共同努力，在培训、服务、教学等环节之间建立起更加紧密的联络关系。从活动本身来看，需要明确实践环节的导向作用，延伸竞赛的影响范围，不断拓展活动的实际价值，重视赛前培训环节，明确"以赛促教、以赛促学"的活动目标，拓展培训对象，可为全体学生提供培训机会，增强创业文化的普及型。赛前培训的内容不单单是创业计划书的制作方法，更应调动起学生参与其中、自觉实践的积极性，强调市场调研环节的必要性与重要性，锻炼学生搜集、分析、整合一手资料的创业能力，引导学生识别创业机会、把握创业商机、了解社会环境。与此同时，需要提高赛后转化率，助力项目对接、项目运营，政府、企业、社会三方为学生的创业实践予以支持，设置专门的部门负责赛后转化规划、协调、统筹工作。需要注意的是，确立专门机构来完成上述工作十分必要，这也是创业计划付诸实践、获取实效的基础。

在实践过程中，可采取的教学方法具有多样性，比如，以孵化器、科学园等平台为支撑设计体验式教学方案，学生可以深入实验研究，从而令衍生企业数量的增加，同时也可令企业获得更高的生存率。根据实践经验可知，在实践教学中，校方可采取学生社团、创业俱乐部、创业暑假学校、创业论坛、企业创业实习等策略落实实践教学计划，学生可享受到更具有针对性的"一对一"创业指导，便于创业实践教学任务的深入开展。

（三）提供保障措施

1. 创建配套的教学制度和教学环境

现有的教学制度比较传统，灵活性不足，开放性较差，理论知识学习与实践应用脱节，在这种教学管理制度下实施项目教学法比较困难，难以发挥案例、体验和项目教学法的优势特点，最终影响高校创新创业教育的实际效果。同时案例教学、体验教学和项目教学法的实施，与传统模式中的讲授式策略不同，学生所需的教学环境需要更加开放，学生根据具体项目的实际需要，到教室以外的其他场所进行教学活动，比如实验室或实体公司，也有可能需要一些额外的软硬件设施，比如可能需要购买锻炼学生创新创业能力的模拟软件等。当然，在高校创新创业教育中应用案例教学、体验教学和项目教学法并不是要摒弃传统的课堂讲授法，而是要将二者结合，在课堂讲授法保证学生了解相关理论知识的基础上，通过具体项目的实施，使学生学以致用，边用边学，令学生逐步完善创造性思维架构，同时提升综合分析能力。

2. 强化师资队伍的综合素质，加强建设教师队伍

采取案例教学、体验教学、项目教学方法的过程中，教师扮演讲授者的角色，对学生的表现、行为、观点予以监督及指导，角色的转换对教师教学的要求并没有降低，反而有很大提高。教师不再像传统授课那样仅仅进行备课、讲授、考试等教学活动，而是需要运用多方面的知识来满足更加综合的教学目标。例如，教师在设计项目时，不仅要考虑自己所授的知识，还要考虑其他相关学科的知识。同时，教师不能只像往常一样教授理论知识，还要有较强的实践能力，才能胜任此类课程的教学。因此，在高校创新创业教育中应用案例教学、体验教学和项目教学法对教师提出了更高的要求，而我国目前这方面的师资相对薄弱，在数量上明显不足、在质量上水平较低、在结构上合理性较差，培养学生了解创业的基础知识、基本过程和基本技能方面尚能勉强满足需求，在对

创业兴趣浓厚的学生进行个性化培养时，就会感到心有余而力不足，因此亟须培养相关师资人才。

3. 给予更多资金支持与政策支持

创新型教学方法的选择与应用离不开强有力的政策支撑。政府作为公共资源的掌控主体，需要充分挖掘、发挥信息优势，履行行政职能，推进高校的创新创业教育计划。目前，国家政府对于高校创新创业训练计划给予高度重视，多地出台政策与优惠措施，通过搭建平台、集聚资源等措施，为大学生提供创业或创业训练的项目，有利于创新创业教育计划的顺利开展、推广。

在高校创新创业教育中应用案例、体验和项目教学法还需要有充足的资金保障。案例教学、体验教学和项目教学法不同于传统教学法，不但教师的课业任务加重，还需要开展第二课堂活动，比如组织学生到实体公司实施具体教学项目或购买一些软硬件设施来支持项目教学等，需要为创新创业教学任务提供更多资金支持。地方政府需要强化对财政资金、社会资金的整合能力，借鉴国外教育的成功经验，如政府主导、市场主导等资金渠道。我国可以同时结合政府主导、市场主导两种模式进行结合，形成更加综合、多元的资金渠道，建设创业资金支持体系，对社会援助、企业支持等行为予以积极鼓励，建设创新创业基金，为高效的创新创业教学提供资金保障。

四、创新创业教育教学创新的应用

（一）案例教学法的创新应用

由于我国高校开展创新创业教育的时间较短，在科学运用案例教学法来提升教学品质、增强教育能力方面借鉴国外案例的比较多，结合国情和地方实际情况自编案例并进行完整意义上案例教学的高校比较少。因此亟须通过深入研究来探索案例教学法在高校创新创业教育中具体应用的途径和方法，以此切实提高高校创新创业教育的质量并推动其不断走向深入。

1. 案例选材问题

被选案例的合理性、准确性与案例教学方法能否取得成效直接相关。高效以全体学生为对象开展创新创业教育计划，学生的专业不同，知识背景和专业兴趣有着很大差异。面对这种情况，如果照搬商学院或管理学院进行专业教学时使用的案例，则会使多数学生产生距离感，一方面不利于学生学习积极性的调动，另一方面无法令学生的注意力集中，所以在案例选材时要注意以下三点。

首先，以培养学生的创业精神为选材定位。作为启蒙教育，创新创业教育需要实现的目标有二：一是将创业基础知识普及给全体学生，包括基础过程、基本技能等，令学生能够自觉形成创业意识。尽管并非所有学生都会以创业作为发展方向，但经过正确、合理的创新创业教育，学生能够对创业予以支持，为创业文化建设奠定基础。二是在教学过程中，发现那些对创业有着浓厚兴趣并想在大学期间或毕业时开展创业实践的学生，形成类似"创业实验（先锋）班"的组织，进行接续性的跟进教育，开展个性化培养，引导学生走上实际创业之路。基于启蒙教育的基本定位和两方面的基本目的，在高校创新创业教育中，要重点选择那些能够培养学生创业精神的"打气鼓劲"型的案例，通过案例教学使广大学生认识到创业并不是高不可及，形成人人可以创业的基本态度和价值观。当然，在对大学生创业进行"打气鼓劲"的同时应确保适度，不应对成功创业所取得的收获过度渲染，避免学生陷入创业误区，形成不正确的创业意识。

其次，选材的基本方向在于结合不同专业特点，而不是"一例通教"。来自不同专业的学生都对与本专业密切相关的行业特别感兴趣，在这种情况下，选择案例的时候就要照顾到学生的专业基本特点。比如当前 IT 创业比较流行，于是就有教师针对计算机专业的学生选择 QQ创始人马化腾的案例进行教学，取得了很好的教学效果。实际上大学里的很多专业都是适合创业的，如工程、艺术、体育、旅游管理等，但是由于学生不了解本专业的社会应用前景，一般对创业持悲观态度。在这种情况下，教师若能够将不同专业的特征巧妙融入案例之中，则有利于培养学生创业热情。

最后，选材的基本原则是"就地就近"，不应对西方成功经验过度推崇。实践表明，学生对于可触及的现实案例的关注度更高、讨论倾向性更强、参与度更大，而对于从西方引进的案例，除了几个耳熟能详的大公司和大人物之外，对于知名度不高的中小企业案例则不感兴趣。从这一实际情况看出，在进行案例教学的过程中要遵循"就地就近"原则。一方面，案例可以就地取材，我国经济具有很强的地域特色，历经长时间发展，出现了包括晋商、潮商、徽商等商帮组织，自改革开放之后，又出现了特色经济发展模式，如"苏南模式""温州模式"，这为地方高校提供了便利，校方完全可以就地取材，对学生进行案例教育。另一方面，各个高校可以充分开发校友资源，将校友创业案例引入创业教育，将教学内容与学生身边实际相联系，这样易于学生接受，同时能够对学生创业的热情形成激发，便于学生创业意识的形成与培养，克服对创业的畏惧心理。

2. 教师角色问题

案例教学虽然改变了传统教学模式中的师生关系，但是任课教师的教学水平和实际表现仍然是教学成功与否的关键因素。创业教育中的案例教学主要以讨论的方式来进行，在讨论过程中教师的正确角色定位对于案例教学的成功实施至关重要。有学者认为，教师在开展案例教学前，对个人角色进行调整的同时也需要对心态加以关注。教学过程中，教师应明确自身的倾听者、促进者、引导者身份。但需要指出的是，由于高校创新创业教育存在的大班级课堂、各专业交叉、学生准备情况参差不齐等特殊性，客观上要求教师有相应的角色定位。

首先，"倾听"而不"放任"。案例教学法强调的是不同观点的呈现，其突出特点是不提供明显且无争议的标准答案，学生提供的答案与标准答案之间存在出入时，教师需要对学生给出答案中的错误观点进行纠正。教师要耐心聆听学生的发言，然后给出自己的意见，如果发现学生有错误之处，还应及时指出并引导学生及时改正。让学生明白什么是可行的，什么是不可行的。

其次，"促进"而不"限定"。大班级课堂一般都在 100 人以上，一堂课 45 分钟，做到每个学生都发言几乎不可能，在这种情况下教师一般采取分组讨论，每组选一名代表发言的方式，以此来促进学生的充分讨论。与此同时，肯定有学生还有与各组发言不同的观点，要提供两三人自由发言的机会，供学生表达不同观点。

最后，"引导"而不"主导"。教师之所以要引导，是因为学生在讨论经常会偏离主题，在这种情况下，教师要通过必要的引导使讨论向着课程目标前进。虽然案例教学讨论的方式是自由的，但是这种讨论是有方向的，即"有方向的自由"。教师引导要注意把握度，既不能过早发表自己的意见，使学生内心形成了发表独立见解的抵触情绪，也不能用嘲笑、谴责或命令的口吻来主导讨论进程。教师要和学生处于平等的地位，共同致力于知识的探讨，给学生以自由发言的信心，始终保持自由的氛围。

3. 适用性问题

案例教学法的优势是很明显的，但实际应用中出现的不足同样需要引起注意。部分学者表示，该方法需要花费的时间、精力较多，对于水平偏低、年级偏低的学生而言实效性欠佳。创新创业教学期间，由于条件和资源的客观限制，更是要充分考虑案例教学法的适用性。

首先，要明确案例教学的目的重在激励学生的创业行为，而不在于对案例进行理论分析。针对这一问题，有学者指出，目前在创业教育中占优势地位的案例教学方法如果强调理论分析而不是自觉决策和创造性的实验，那么案例教学也是反创业模式的。为了有效避免占优势地位的教学方法蜕化为"反创业"的教学模式，关键在于准确把握开展案例教学的目的。

其次，案例教学法既不能与讲授法完全对立，也不能完全代替讲授教学，而是要与课堂系统讲授相结合。在学生通过课堂讲授系统学习了理论知识之后，在进行综合实践和实训的过程中辅以案例教学，这样就有利于学生通过案例将所学知识串联起来，而且便于主题讨论的展开，有利于学生创造性思维的产生和综合分析能力的提高，从而做到以例激趣，以例说理，以例导行。通过两种教学方法的恰当配合，就可以充分利用案例教学法具有的实践属性和创新价值导向，丰富和完善讲授法的缺点和不足，实现理论和实践并重、传承与创新并举的全新教学方式。

最后，将案例教学、实践调研和多样化创业活动紧密结合。教师可将学生划分为不同小组，不同组分别完成各自的调研任务，组员可利用课余时间去企业现场调研。为推进调研计划，教师需要同时组织具有多样性的创业教育活动，包括讲习班、小组讨论、网络教学、客座演讲等形式，令案例教学方法的实施具备更多的社会力量支持，使得教学实效性、针对性增强。

（二）体验教学法的创新应用

创新创业教学集理论、操作、实践于一体，若缺乏教学模式的创新、缺乏创业能力的体验与实践、缺乏具有针对性和实效性的教学方法，创新创业教育便会停留在空洞的理论传授层面。体验式教学法对于破解这些现实问题、切实提高高校创新创业教育的成效意义重大。以体验式教学理论为借鉴依据，从提升创新创业教育实效性的角度来看，体验式教学法是一种能够让学生亲身体验创业实践过程，通过观察、思考从而获取知识，掌握技能，采取指导实践的教学行为和方法，解决创新创业教育的现实困境。

1. 具体应用

在高校创新创业教育中应用体验式教学法的最终目的，是让学生通过体验过程了解创新创业教育的精神内涵，而不是单纯地知道创新创业教育理论知识。这与达尔克罗兹的教育理念有异曲同工之处，该理念强调的是"感知、认知、学习、理解"的协调关联教育方法，并由此构成了达尔克罗兹体验律动教育理念："在本课程结束后，不能使学生说'我知道'，而是'我体验到'。"高校创新创业教育同样强调学生的感知和认知过程，以此作为接受创新创业教育的前提和基础，但最终目的局限于达尔克罗兹教育理论的"学习、理解"，而在体验中"验证"创业理论知识并"应用"于创业活动中，才是体验式教学法的真义所在。

第一，感知体验之头脑风暴法。感知体验强调的是在创新创业教育授课过程中，令学生在感官上形成认知。头脑风暴方法的使用过程中，学生能够获取广阔的自由发挥空间，经由无限制的讨论，激发出新的观念、想法，令自身的感知体验增强。该方法需要学生群体之间相互作用与影响，形成群体思维，借助联想反映、热情感染、竞争意识，产生思维激荡和碰撞，有助于创造性思维的产生，提升创新意识。

第二，认知体验之管理游戏法。认知体验根据客观存在对学生主观意识进行作用。管理游戏法则通过情景模拟方式，模仿各类创业模式，让学生在较短的时间内了解和掌握实训创业管理方法。对于创新创业教育而言，该方法是最直接、快速、有效了解自己经营效果的创新创业教育方法。

第三，验证体验之角色扮演法。通过角色扮演的方式，进行验证体验，是体验式教学法的基础。同时通过情景模拟的方式，编制一套符合实际、模拟创业环境与活动的方法，该方法需要扮演者用多种解决方法处理潜在问题，进而对学生的实操、决策、领导、判断能力进行测评，并能够了解其心理素质水平。

第四，应用体验之沙盘模拟法。沙盘模拟训练法主要设定了代表相互竞争企业的沙盘盘面，不同沙盘对应企业运营的不同环节，这些环节在企业运营过程中均发挥着关键作用，由此能够展示企业的真实运营情况。学生在这一过程中，借助参与沙盘载体、模拟企业经营、演练对抗企业、评析现场、后期感悟等环节。将理论与实践相互融合，学生在体验岗位与扮演角色的过程中，对活动的设计思想有所认识，从而掌握了对市场进行分析、对战略加以制定、对策划方案进行营销、对生产行为加以组织、对财务进行管理等流程，便于对创业管理规律有所把握。

2. 主要问题

体验式教学方法以学生的主动参与、探索、操作和自主管理为特征，从而增强学生自主创业的意识。通过在创业实践教育的具体环节中对学生进行实际模拟操作指导，对学生的创业能力、创业素质等方面产生重要影响。在实践过程中也需要避免学生在积极体验的同时，出现"课上热闹、课下无效""乐趣很高、效果不好"的体验式迷途。体验式

教学法主要有两个方面的问题

第一，创新创业教育教学中的体验恣意化。在创新创业教育中运用体验式教学为了创造、模拟真正的创业环境和创新平台，随着社会进步，老师和学生的角色有了很大的改变，老师不再像以前那样仅仅停留在"传道、授业、解惑"转变为教育中的引路人，而是扮演着导演、裁判、咨询者角色；学生从传统的被动学习者变为自主学习者，扮演着创业者、企业家角色。学生的自主权被无限放大，教师在学生为主体的课堂中成为辅助方和旁观者，容易忽略对于课堂整体的主导和把握，出现恣意化的体验现象，具体表现为言语恣意化、管理操作恣意化和角色体验恣意化。为了避免体验恣意化现象发生，需要教师在学生体验学习的过程中，对于体验走向、关键点位进行及时、有效的引导和点拨。针对言语恣意化，需要教师在体验活动开始之前做好引导，使体验活动按照预设顺利开展，在体验活动进行的过程中，随时对学生言语表现进行观测，当言语活动出现偏颇时及时引导或予以制止；针对管理操作恣意化，教师可以做"适当引导"，但不能为了快速实现教育目标而强制学生执行创业活动；针对角色体验恣意化，学生在进行创业体验时，容易出现角色把握不准确、难以融入的问题，需要教师事先选定学生熟悉的创业角色，体验过程中适时做好疏导，避免影响体验效果。

第二，创新创业教育教学中的体验虚假化。将体验式教学法运用在高校创新创业教育中，主要目标是为了让理论与实践充分结合。将先进的教学方法与课本知识相结合，配以看得到、摸得到的实例，让学生对创新创业教育有更直观的认识，这就需要教师在运用体验式教学法的过程中，注重给学生以真正意义上的体验，而不是将体验教学虚假化，变为"走过场"，具体表现为体验模式虚假化和体验感受虚假化。体验模式虚假化，是指教师误以为在创业教育的课堂上设置体验活动就完成了体验式教学，体验式教学法提倡教师通过丰富的教育形式完成教学过程，并不是单纯将其引入课堂就完成了体验式教学。为了从根本上杜绝体验虚假化现象的发生，需要教师深入地了解体验式教学的理论内涵。

3. 促进机制

传统教学一般采用统一标准和固定模式，对老师的考核主要是从授课内容、授课形式和授课效果三方面来进行评价，课堂教学通常都有标准统一的答案，学生学习结果主要是通过各种考试来进行考核，根据考试分数来判断学生掌握情况。对比传统教育，体验教学注重的是学习过程而非学习结果，以往的分数量化评价方式只能衡量出学习者对学习结果的记忆程度，并不能反映学习者的真实体验过程。单一固化的评价衡量标准，已经完全满足不了多元化发展的现代创新创业教育的需求，因此迫切需要多元化评价方法。不能完全按照一个标准去评价学生，要有一定的弹性，让学生的个性特征得到充分发展。体验式教学法要求从多个角度去评价考核学生学习情况，不仅要正确知晓学习者的学习情况，还要对老师的授课方式和授课内容进行综合评估，提出有价值的意见和建议。

首先，对老师的评价，既应侧重授课内容及授课效果转化，注重案例选择、教学情景设计和以学生为主体的授课效果，又应侧重理论与实践转化，进行全方位培养；其次，对学生的评价既应侧重教学效果的过程评价，即学生心理历程、交流沟通和理解应用，又要多留意体验式教学过程中学习者是否全身心投入进去以及体验感受，这需要平时教学过程中多进行观察，适当地进行测试，熟能生巧，还需要反复练习，通过对学生作品进行评价，让学生通过体验，多总结经验，促进学生的思维能力和应用能力提升；最后，评价机制的主体不应该只考虑学生或者老师，应该兼顾考虑，既涵盖师生双方互评，又涵盖教师之间和学生之间的评价，侧重点也不同，这样做的目的是增强老师和学生对体验教学的深刻感受，进而形成体验式教学法在高校创新创业教育中有效应用的长效机制。

（三）项目教学法的创新应用

项目教学法具体来说，就是学生在教师的指导下，在专门的学习群体或者学习小组中，每个小组成员都有不同的兴趣爱好，可以根据自己的兴趣和生活经验来进行提问，或者说出自己参加学习的愿望，也可以叫做项目创意，判断活动到底能不能按照计划去执行，活动安排要始终围绕定下的目标来展开，学习内容和学习方式也要在活动安排的基础上去安排，最后，不要忘记评估活动效果，进行归纳总结。项目教学法最大的不同之处是以项目为载体，实现各种知识与能力的整合与重构，并将全部注意力放在学生身上，让学生能独立自主的学习，可以建立学习小团队，边学习边研究其可行性，重视学习过程，注重学习效果，这样才能更好地完成教学目标。要多鼓励学校领导多组织大学生参加真实或者模拟创业项目，这样才更好地为他们提高宝贵的创业经验，激发他们的创业意识，创业思维和创业能力会得到大大的提高，同时，创业知识会越来越丰富。当然，综合素质也得到了很大程度的提升。在高校创新创业教育中运用项目教学法，应明确以下四个问题。

1. 明确目标

大多数人都认同这样一个观点，即进行创新创业教育是为了培养学生的创业精神与意识，提高学生创业技能，使其一步步成长为优秀的企业家。开展高校创新创业教育要完成两个基本任务，第一，了解并掌握一些基本的创业基础知识，熟悉创业流程，提升创业基本技能，让他们对创业产生深厚的创业兴趣。第二，对那些有创业想法的学生集中进行专项创业培训、个性化指导，引导学生走上实际创业之路。

项目教学法在高校创新创业教育中的应用要努力促进此目标的达成，在四个层次的创新创业教育中均可利用项目教学法来提高教育的针对性和实效性。在面向全体学生开展的启蒙教育阶段，学生的创业意识非常薄弱，因此可以有针对性地选取难度比较低、学生非常喜欢而且愿意参与的项目，同时要深刻认识到创业需要持续学习，不断提高自身知识的积累。要根据不同学科的特点，结合专业特色，所选择的创业项目最好是和自己所学专业相关的，这样能更好地发挥出专业特长。另外学生在不同的阶段需求不同，侧重点也不同，要有目标的进行实战演练。因此要选择知识融合度高（比如同时包含企业运营、组织与行为、市场营销等相关知识）的项目，还可以将现实中的经典项目拿出来做案例分析，让学生进行模拟练习。这样能更加熟练地掌握创办和管理中小企业的知识和技能，让他们在遇到问题时，知道该如何去处理问题，解决问题，同时分散风险。在继续教育阶段，初创企业者本身拥有很好的项目创意，因此应侧重于将项目教学法运用到具体的咨询、培训和服务中，也可以提供以往教学中积累起来的与其项目相关的丰富经验，帮助他们度过企业初创期。

2．组织形式

项目教学法采用的是团队合作形式，即一定数量的学生和教师共同参与项目的实施过程，教师在其中担任指导者的角色，学生充分发挥其自主性，并在教师的帮助下完成学习任务。美国著名学者彼得圣吉曾经这样说过："当团队真正投入进学习的时候，团队整体产生的成果会让你出乎意料，和其他学习方式相比，团队学习是进步最快的。"由此可见，团队学习形式是很好的组织实践教学的方式。

项目教学法满足了创业教育的实践诉求和"学以致用、边用边学"的教学目标，但在高校创新创业教育中运用时，需要具体问题具体分析，不能一概而论。首先，对于全体学生，可以通过普及式教育来讲解创业基础知识和创业基本流程以及相关基本技能，虽然大学生有不同的专业知识，但是都可以选择进行创业。其次，普及式创新教育并不是很新鲜稀奇的事，我国目前的选修课形式就是普及式创新创业教育的一种，这种创新创业教育的优点在于，不同学科背景的学生之间组成的是临时性的团队，这种团队会随着课程实践的结束而解散。最后，有的学生天生就对创业十分感兴趣，而且希望边上大学边创业或者毕业后马上开始创业生涯。对于这些学生可以通过利用聚焦式教育，培养越来越多优秀的创业人才，同时还会滋生出很多优秀的创业教育教师或研究者。这种模式可以采用固定团队的形式，这种团队的周期长、综合性要求非常高，目的是通过设计项目的各式各样的活动去帮助创业者很好的提高创业素质，形成系统全面的创业理论体系。

3．项目选材

项目选材是否恰当将直接影响项目教学法在高校创新创业教育中应用的成败。项目选择要以高校创新创业教育的目标为出发点，万变不离其宗，不管怎样都不要偏离教学内容，所教授的知识点应该让学生积极主动学习吸收，让学生灵活运用所学知识，并且充分发挥自己的创造力。项目选材具体可概括为以下四点：一是所选项目要有针对性。在具体项目选择时，要根据高校创新创业教育的具体目标、受教育学生的学科背景、学生的兴趣点及已掌握的创业技能水平进行筛选。二是项目的可行性。所选项目无论在实践还是资金等其他方面必须是切实可行的。三是所选项目是否全面具体。这就要求所选项目包含很多的学科知识，在弥补学生知识空缺的同时，提高学生整合各种知识的能力。四是选择项目要有技巧性。要根据创新创业教育过程不同阶段学生对创业知识的理解和吸收情况大大不同的情况，由浅入深，慢慢加大项目的难度，在符合学生接受知识规律的情况下，不断提高学生的学习能力和创业能力。

4．教学效果考核与评价

在项目教学完成后，如何对学生的表现进行考核和评价是一个值得深思的问题。首先可以让每一位团队成员进行自我评价，然后让团队成员相互评价，最后让教师来进行总结和发表意见和建议。同时还可以根据具体项目类型设置网络投票环节，但这些过程都需要有一定的监督措施。评价标准可以从三个方面来进行，分别是团队练习表现、文献学习和研读、实践环节。团队成员根据自己团队完成创业教育目标的情况，同时结合自己在团队中的表现，以及是否掌握了创业相关知识和技能来对自己做出评价；为了防止恶意评分的出现，互评可以采用去掉最高分、去掉最低分的方式计算评价结果；教师根据学生个人及所在团队的表现，给出评分；网络投票环节要严格把关，可以设置投票限制条件，比如只有本校学生才能投票。为了评分更加合理，可以选择部分创新创业领域专家，采用层次分析法计算出每一项的权重，对以上四项评价结果进行加权求和作为综合考核结果。

第六章

新时代大学生的教育管理策略

第一节　更新大学生教育管理理念

随着当今国际形势的深刻变化和改革开放的不断深入，高等院校学生教育管理工作既面临有利条件，也面临严峻挑战。面对新情况和新问题，需要高等院校管理者重新思考高等院校自身所处的社会环境变迁，正确认识全球化、网络化、数字化、信息化给学生工作带来的冲击，积极探索新环境、新情况下学生管理工作的新思路、新理念，为大学生的学习、生活提供最大可能的指导和帮助，使他们能够健康成长、成才。

教育管理理念是高等院校育人工作的核心因素，是统领学校育人工作的灵魂，对于其他因素具有显著的整体制约性和指导性。在对大学生心理健康影响因素的研究中，可以发现大学生心理健康因素受到学校教育的影响。从当前大学生心理健康现状以及对其影响因素的综合分析来看，要促进大学生心理健康水平提升，高等院校的大学生教育管理理念必须进行革新。从整个高等教育领域发展来看，我国高等院校正在从扩张办学规模向提升人才培养质量的道路迈进，正在经历由只专注学生知识技能的培养向更加重视学生心理潜能的开发转变，要完成这样的变化，也必须从总体教育管理理念的革新开始。

一、新时期高等院校学生管理工作面临的新情况

（一）全球化意识和社会主义市场经济对高等院校教育管理工作的影响

全球化意识就是指在世界范围内起作用的正在形成过程中的世界整

体意识和全球文明。全球化意识的弥漫和渗透趋势在不断加强。全球化借助于网络技术成为一种现实的运动，并在广度、深度、强度和速度等方面都达到了前所未有的程度。实际上，我们每一个人，不但是某一个国家的公民，而且也是地球村的一个村民，即世界公民。地球上任何地方发生的事件和危机，都可以迅速传遍每一个角落。学生的思想也处于一个更加开放的环境，特别是国外敌对势力利用经济、政治、军事优势，利用各种手段和渠道对青年一代进行思想文化渗透。在这种情况下，如何让青年学生充分吸纳国外优秀文化成果，又能自觉抵制不良思想的侵蚀，是高等院校管理者应当思考的一个重要问题。

同时，随着社会主义市场经济的深入发展和不断完善，我国社会经济成分、组织形式、就业方式、利益关系和分配方式日益多样化，大学生思想活动独立性、选择性、差异性日益增强，这些也使学生管理体制面临新考验。

（二）信息与网络时代对高等院校教育管理工作的冲击

卫星通信、数字化、多媒体和计算机网络等技术的发展，对高等院校产生了巨大的影响，校园的网络化、信息化、智能化、个性化特色，真正突破了传统的教室和校园围墙的界限，使知识的创新、传播、转化和应用的速度变得空前快捷。网络已经促成一所没有围墙的大学的诞生。信息化、数字化、个性化的社会环境为学生提供了无穷无尽的生活空间，他们获取知识和信息的渠道比以前多得多，获取信息、传递信息的手段比以前更先进、更快捷。由于外部世界的多样化，再加上学生缺乏辨别是非、认清善恶的能力，容易导致学生对传统文化认同度降低。这对高等院校的学生管理思想、管理体制和管理方法造成了巨大的冲击。

二、新时期高等院校学生管理工作的新思路

（一）树立"以学生发展为本"的教育价值观

教育价值观既体现为学校教育的价值取向和追求，也体现为人们评

判学校教育价值有无、高低和大小的重要指标。高等院校的教育价值观表达了高等院校教育活动的最高价值追求，它决定着高等院校育人工作的核心价值行为，当前高等院校育人工作存在的许多问题的核心就是教育价值观问题，其中也包括大学生心理健康问题。面对大学生心理发展和素质提升的现实需求，高等院校必须树立"以学生发展为本"的教育价值观，以促进大学生教育管理工作。在这里，"以学生发展为本"的教育价值观应包含三个含义。

1. 学生的"人的价值"是高等教育价值的中心

理论上人的价值具有个人和社会两个不同属性，在现实中如果人的价值是由其所创造的社会价值所决定的，那么其全面自由发展的水平决定着其创造活动的水平，进而决定着其所创造的社会价值。从这一视角出发，大学生的自我价值同其创造的社会价值应该是统一的，这也就是大学生个体作为目的和作为手段的统一。在当前高等教育领域，许多高等院校仅仅是把"以人为本"的理念停留在口头上，还没有真正深入头脑，成为行动。面对各种指标和短期效益，这一理念往往被抛到脑后，这也是导致大学生心理问题的根源，因此无论从哪个方面来说，高等院校教育活动的价值必须以学生的个体发展为中心，也就是以学生的"人的价值"为中心，这是高等院校培育大学生的前提和基础，脱离了这个中心，高等教育活动的社会价值以及经济价值、文化价值等也不可能得到有效实现。

2. 高等院校教育价值的提升来自学生价值的提升

人通过接受教育获得生活技能和智慧，精神世界得到进一步丰富和发展，从而使人的生活更加有意义。教育对人发展的决定性作用表明教育活动就是为人的发展和创造活动开展和设计的，教育中的所有因素的价值都是在提升人的价值过程中得以显现的。因此，满足大学生身心发展的需要是高等院校教育价值的主要体现。在现实中，文化传承、服务社会、科技创新固然体现着高等教育的价值，但是对于教育价值的整体考量，学生价值的提升才是彰显教育价值的根本，因为人的价值是创造其他价值的基础，所以如果没有学生的全面发展，没有学生素质的提升，教师发表再多的论文、产出再多的科技成果，都体现不出教育的根本价值，是本末倒置的价值考量，是违背教育伦理原则的价值取向。

3. 促进个体和谐发展是高等院校提升学生"人的价值"的根本前提

高等教育的基本功能就是提升人的价值，即提升大学生个体的人格价值和社会价值。在高等教育提升人的价值的过程中，只有使其个人潜能和素质得到充分发展，才有可能实现其价值的更大提升，从这个意义上说，促进大学生个人的全面发展，是提高其个人价值的根本前提。从教育学意义上理解，大学生的全面发展是指其基本素质的全面发展。这是新时期对大学生全面和谐发展的基本要求，也是大学生心理素质发展和提升的内在需求。可见，只有大学生具有了完整人格才能够发挥更好的影响力，只有个体的社会价值得到充分展现，大学生才能够更加自信、乐观，才能够具有发展动力和更强的意志力。

（二）树立正确的高等教育伦理实践效益观

高等教育存在的价值合理性就在于能够依据人的成长发展需要和社会发展客观规律，开展有目的的、自觉的和能动的教育活动，实现其承载的促进人的全面自由发展和为社会发展培育高素质创新人才的功能。高等院校教育只有在二者之间找到一个相互协调的平衡点，才能很好地完成这两项基本功能，这是高等院校教育伦理实践效益的基本标准和要求，也是保障高等院校有效开展大学生管理培育工作的前提条件。

1. 高等教育伦理实践应体现出个体层面的价值功能

高等教育伦理作为一种道德行为规范，起着调节教育活动中教育主体之间关系的作用，它规定着教育主体应该做什么和怎么做，引导教育主体行为以"善"为价值取向，从而推进受教育主体的全面发展。高等教育伦理作为一种特定领域教育活动的内在善恶规范，对于受教育者应当如何发展、成长为什么样的人，在实施教育行为之前就已经预设好了预期结果和路径，并据此结果和路径组织教育实践，使受教育者在教育实践的影响下形成具有鲜明自我特征的个性品质，并按照预期路径实现个人的自由全面发展，最终成为人性得到全面诠释的真正的人。此外，高等教育伦理作为高等教育主体把握教育实践活动内在本质的特殊方式，还反映着主体行为的价值意识，引导着主体对现实高等教育实践活动的价值选择，对主体的人格完善和发展具有促进作用。

2. 高等教育伦理实践应体现出社会层面的价值功能

高等教育伦理作为社会伦理系统的一个组成部分，在对象和内容上包含了社会的各个层次和方面，主要是通过受教育的人对社会产生间接导向作用。高等教育的基本功能是培养高素质创新人才，通过培养人才为社会生产服务，为经济发展服务，为政治活动服务，为文化传承服务等，实现高等教育的经济价值、政治价值和文化价值，即社会价值，因此，高等教育伦理的社会价值最终也要通过其培养的人去实现，并体现为一种社会功能。高等教育伦理作为调节教育主体教育活动的道德规范和价值精神，其实现自身社会功能的基本路径就是通过优化教育发展和提高受教育者的整体素质和能力，进而促进社会现代文明的发展。从一定意义上讲，高等教育伦理这一社会功能具有一种特殊的人力资本价值，不但对社会的政治、经济和文化发展发挥着积极作用，而且对个体的自我效能、希望等品质的发展也起着特殊的作用。

高等教育伦理的个体功能和社会功能是不可分割的两个方面，高等教育伦理实践的理想效益就是通过高等院校教育活动使其具有的个体功能和社会功能达到统一，促进两个功能和谐发展。

（三）凝练全方位育人的学校育人观

高等院校教育过程中包含着很多影响大学生心理问题的因素，如师生互动过程中的人际支持、成就动机的激发、教师个人魅力和教育管理主体素质的影响以及学校制度文化和环境文化熏陶等，这些因素都会对学生心理活动过程产生潜在影响。因此，树立全方位育人管理思想对大学生培育管理具有积极作用。目前，多数高等院校的管理者都认识到了全方位育人的重要作用，但是在如何实现全方位育人，如何通过系统的全方位育人方案提升大学生心理健康和整体素质水平方面还没有一套成形的思路或做法。在此，高等院校有必要进一步明确全方位育人的育人观，使学校管理架构中的每一个方面都充分发挥自身优势，形成合力，进而促进大学生整体素质有效提升。

1."全方位"要体现在一个立体的、系统的整体上

高等院校教育过程中包含的影响大学生心理健康的外在因素是多方面的，既有教育者主体作用，也包含着环境因素。教育主体内涵非常丰富，从广义上讲，教育主体不仅包括教师、后勤人员、管理人员，也包括大学生自身和家长等，但是从直接发挥作用的主体看，主要体现在辅导员、教师、学生群体和家长等几方面。环境因素是影响大学生心理发展的重要外部因素，主要包括非物质环境和物质环境。在这里，环境的创造离不开教育主体的作用，不同的教育主体发挥着不同的积极作用，大学生的外在影响因素充满了复杂性、联动性和特殊性，这就构成了与大学生个体内在因素相互作用的一个外在的、立体的整体系统，在这个动态的整体系统中，每个影响因素在不同时期、不同事件中的作用又不同，它们之间互相促进或者互相抑制。因此，全方位育人就要充分发挥各要素的整体性、联动性和积极性，发挥影响因素的立体作用，不能将各要素割裂开来单独审视，期望其独立发挥作用。

2."全方位"还体现在教育主体影响作用的多面性、复杂性上

在高等院校育人过程中，影响大学生心理问题的因素来自方方面面，呈立体型。同时就每一个因素来讲，它的作用又体现在多个方面，这些作用有可能是互相促进的，也有可能是互相抑制的，并且每一个作用的影响力大小也不尽相同。例如，教师既可以通过良好师生关系为学生日常生活提供积极的人际支持，进而对学生人格发展产生积极影响，也可以充分发挥自己的才华，在教学活动中展示自己的人格魅力感染和影响学生，还可以精心设计教学过程和教学内容，通过教学过程的实施和教学内容的展现影响学生等。通过调查可以发现，在每个教育主体的

作用中，人际支持作用对心理问题影响作用最重要，主要包括家长的人际支持、教师的人际支持、同学的人际支持等。因此，全方位育人不仅要体现在育人主体的丰富性、系统性上，还要体现在每一个育人主体作用的多面性、复杂性上，全方位育人要切实考虑到每一个教育主体的育人优势，充分发挥优势作用。

3."全方位"还体现着校园文化作用的立体化

从高等院校育人过程的宏观角度来看，校园文化是全方位育人工作的一个方面，它与各个教育主体互相联动。但是就校园文化自身来看，它又是一个由各种因素构成的立体网络结构，既包含意识形态的内容，也包含物质的一面，如校园制度文化、学术氛围、社团文化、校园环境等。这些结构相互作用、相互影响，构成了一个整体，在育人过程中发挥着整体作用。在意识形态方面，有的通过各项制度体现，有的通过行为活动体现，还有的通过校园历史的积淀体现；在有形的物质方面，有的通过校园环境体现，有的通过教学设施体现等。无论是物质的还是意识形态的，都通过其特有的方式对大学生的心理活动、思想意识发挥着作用，其作用的大小也会因学生群体自身特点的不同而不同，因作用方式和强度大小的不同而不同。因此，高等院校校园文化建设既要考虑不同影响因素的作用方式、作用效果，又要考虑不同大学生群体的自身因素。

（四）创新高等院校生涯教育观

生涯规划能力是大学生应该具备的基本能力，是大学生开展生涯规划的基础，是大学生实现其全面发展的前提条件。高等院校生涯管理就是为帮助大学生做好生涯规划，培养大学生生涯规划能力而针对个体开展的一系列影响活动，通过一系列的制度、措施引导和帮助大学生规划生涯，提升其生涯规划能力，使之能够有效规划自己的大学生涯，自觉开发自我发展潜能，为其以后的生涯发展奠定能力基础。我国高等院校开展大学生生涯教育起步较晚，多数高等院校的生涯教育偏重职业指导和职业规划，没有形成本土化的高等院校生涯管理理念，同时我国当前高等院校生涯管理仍存在许多问题，高等院校生涯管理工作不能适应大学生生涯发展需要。因此，高等院校在大学生心理健康培育和提升过程中应创新高等院校传统生涯教育观念，树立生涯管理意识，强化学校生涯管理工作。

1. 高等院校生涯管理的主要任务是培养大学生的生涯规划能力

高等院校生涯管理是指高等院校为实现高等教育的人才培养目标，满足大学生个体全面发展的实际需求，对大学生在校阶段的生涯发展实施的管理和辅导工作，其主要任务是培养大学生的生涯规划能力，包括三个方面：一是培养大学生生涯探索能力和自我经营能力，使学生正确认识自我、了解自我、接纳自我，具有强烈的生涯发展需求，能够清醒地面对未来的职业发展，了解相关职业领域的发展需求和现状，努力充实专业知识，提升职业技能，积极探索自己潜能发挥的有效途径等；二是培养大学生生涯决策能力，使学生在生涯发展的一系列决策过程中，知道如何设定生涯目标和及时调整目标，如何确定自己职业发展方向和未来职业范围，在面对抉择情境时，能实事求是看待问题并做出正确决策；三是培养大学生生涯行动及监控能力，使学生在计划执行过程中能够通过有效的时间管理建立良好的人际关系，积极适应周围环境变化，创造性地解决问题来保证计划实施，及时调整不合理计划以及改正自己发展的不足积极提升自己，以适应生涯发展对个体的新要求。

2. 以"生涯管理"基本理念指导学生开展职业生涯规划

从生涯发展角度来看，大学生正处于对未来职业进行探索的阶段，只凭个人的经验和能力很难对未来职业生涯进行准确定位，开展合理规划。高等院校开展生涯规划指导，可以帮助学生进一步正确认识自己的兴趣、职业意向、职业潜能和职业素养等，使其尽早明确职业发展目标和方向，从而及时调整专业知识结构，弥补实践技能的不足，进一步增强职业综合素质和就业竞争力。因此，生涯管理要从观念上消除把职业指导等同于就业安置或提高就业率的误区，充实就业指导工作内涵，转变就业指导工作思路，把就业指导的重心转向学生生涯规划指导，不断激发学生职业规划的意识，引导和帮助学生选择正确的职业生涯发展路径，以实现学生期望的自我社会价值。

3. 高等院校生涯管理要对学生的教育实践实施的全方位指导

完全意义上的高等院校生涯管理是以生涯辅导为基础的全方位指导，主要包括与学生的个人发展愿望相结合、与学校的整体教学过程相结合、与国家和市场发展对人才的需求相结合三个方面。大学生涯管理是指培养生涯规划能力的教育活动和辅导活动，通过制度建设、计划制订、教育教学活动、师资队伍建设来实现学校影响。例如，学校可以要求专业任课教师将关于学生生涯发展认知、生涯态度等有关内容融入教学内容，要求指导教师将生涯管理有关要素融入社会实践和第二课堂活动过程中，潜移默化地培养学生的生涯规划意识和能力。

4. 重视高等院校生涯管理的理论研究

近几年来，国内高等院校为了适应社会对高等教育人才培养的需要，推动高等院校毕业生就业制度改革，纷纷开始了校园生涯管理的探索。但各高等院校的职业指导工作无论是实践层面还是理论层面，多数是对国外一些经验的复制和套用，还没有真正从个体全面发展的角度开展大学生涯管理，还需要系统开展职业规划辅导和生涯发展管理研究，需要开展高等院校生涯管理模式、职业心理测试、就业评价体系等理论层面的探索，建立本土化的生涯发展理论体系，只有开展扎实的理论研究才能为高等院校生涯管理实践提供依据并指明方向。

（五）树立科学的生命意识教育观

生命意识是人对自己和他人的生命存在价值的一种认知与感悟。具有良好生命意识的人，能够热爱生命、珍惜生命，善待自己和他人生命，对生命及生命关系有良好认知，能正确认识、理解、把握自己的生命价值，形成完善的人格品质。高等院校生命意识教育的目的就在于使大学生树立良好的生命道德品质，使其能够正确认识和把握自我生命与人类生命同自然环境的关系，促进各种关系和谐融洽，使得自己在追求生命价值最大化的基础上生活得更有意义，更有利于个体全面和谐发展。因此，高等院校生命意识教育的核心内容应该是积极培育大学生的生命道德品质。

人的社会属性决定了其在正常生活中时时刻刻都要与自己、他人、社会环境发生各种各样的关系，在这些互动关系中，每一个人都承担着对自己、对他人和对社会的各种责任。在这些责任当中，个体对自己、对他人及对人类生命的责任是最基本、最重要的，也是生命道德的基本要求。对生命的责任意识是生命道德的基本内容，生命道德是调整人与自己生命、他人生命、人类生命以及终极理想之间关系的道德。生命道德源于人对生命的关注，是人们对待生命的德行品质，是调节人们有关生命行为的特殊规范的总和。生命道德的意义在于追求生命神圣、生命质量和生命社会价值的和谐统一，是指导个人处理与自己生命、与他人生命、与人类生命以及与精神生命之间关系的行为规范。生命道德是人的生命关系的应然，心理健康是人的关系世界的实然反映，回归到人的生活世界，二者在本质上具有统一性，都是为了追求人与自我、人与自然、人与社会以及人与精神信仰的和谐关系。这种"关系性"上的统一性，使得生命道德成了影响大学生心理健康的重要因素。积极的生命价值观能够使大学生在面对生活中的困难时摆脱消极心理状态，积极的生命道德行为有助于大学生获得积极情绪体验、社会支持和成就感，良好的生命道德品质有利于解决大学生成长中的发展问题，生命意义感能提升大学生的自我价值感和主观幸福感。因此，积极培育大学生的生命道德能够促进大学生心理健康的培育和提升。

第二节　创新大学生教育管理方法

面对当代大学生心理健康现状及其存在的心理问题，高等院校应从实际出发，探索有利于当代大学生心理健康发展的教育管理新方法。创新大学生教育方法要坚持意识形态引导与行为管理相结合、整体性推进与关注差异性相结合、理论研究与实践创新相结合。

一、突出生命价值取向的建构

生命价值取向是一个人确立其与自我生命、他人生命以及自然界生命关系的基础，这些关系直接影响着人的性格特征的形成、人际关系的构建以及价值观的确立等，是个体意识形态中对其心理活动和行为表现具有根本影响作用的因素。因此，高等院校在大学生教育管理中更应突出对大学生生命价值取向的构建，以此助推其心理健康发展。

（一）培养正确的生命意识

部分大学生之所以对来自自身的影响因素敏感性不高，主要是他们获得了家庭和社会的过多关注和关爱，个体缺乏对生命关系和生命价值的真正思考，缺少来自内部的自觉意识。生命意识是人对生命存在和生命价值的认知与感悟，是人在对生命存在的认识和理解的基础上，通过实践活动追求生命关系和谐、生命社会价值延续的自觉意识。大学生具备正确的生命意识，有利于其清晰定位人生目标，明确生涯发展目标，进而在实现生命社会价值的过程中，实现自身全面发展。因此，高等院校要强化大学生的生命意识教育，培养他们正确的生命意识，具体应从四个方面把握。

1. 引导大学生树立珍惜一切生命的意识

生命是宝贵的，是个体存在的基础和条件，个体生命的存在也是人类创造和实现一切的先决条件，因此，生命意识教育的基础在于关爱、珍惜生命的教育。同时，人的本质不是单个人所固有的抽象物。在其现实性上，它是一切社会关系的总和。珍爱生命不仅是个体生存的需要与权利，更是一种责任与共同生活的基本法则，珍爱生命就是不仅要珍惜自我生命，更要关爱他人生命。无视他人生命的人也不可能对自己生命的存在和价值有正确的理解，更不可能有崇高的人格品质。珍爱生命的教育，应当是自我与他人、权利与责任相统一的教育。"出入相友，守望相助，疾病相扶持，则百姓亲睦。"这既是我们中国人追求的道德理想，也是建设社会主义和谐社会的目标之一。人与人之间只有互相关爱、互相尊重，才能真正尊重和珍惜生命，尊重他人选择生存方式的自由。教育学生珍爱生命，就是要教会学生认识生命的珍贵，珍惜自我和他人生命的存在，就是要培养学生的生命责任感和对生命的感恩之情，学会关爱，学会宽容，学会共同生活，懂得用爱心去回报关爱。

2. 培养大学生对生命的责任意识

人的社会性本质决定了人在正常生活中，必须与自己、他人、社会发生各种关系，任何人都必须向自己、他人和社会承担起自己在社会中的责任。其中，对自己、他人及其他生命的责任是最基本、最重要的，这也是道德的基本要求。对生命的责任意识是生命道德的基本内容，也是一个人社会责任意识的基础和根本。大学生生命道德中责任意识缺失现象是受到多方面因素影响而形成的，其中最重要的两个原因为：一是学校教育的失误和缺失。大学生生命道德教育一直受到传统道德教育思维方式的影响，内容过于理想化，目标脱离个人的需要和利益，其教育过程互动不够，形式化明显，没有形成完整体系，实效性较差。二是社会环境的消极影响。在当前社会上一些错误认识和不良影响不可避免地会对人们的思维方式、意识观念、行为活动等造成冲击，以人为本、尊重生命、追求生命意义、提升生命价值的良好社会氛围尚有待加强。

3. 引导学生积极探索生命的意义与价值

人的生命是有价值的，价值是人存在的基础和依据，对人生意义的追求、对生命社会价值的追求是生命价值的最高体现。生命教育应该引导大学生从外在化、功利化、世俗化的目的中解放出来，积极探索生命的意义，努力提升生命价值。生命的意义不仅指个体生命的意义，也指人对人类在宇宙中位置的思考，以及对人类"类生命"本质的思索，二者是相统一的。因此，探索生命意义、提升生命价值的教育应包括三个方面。一是创造生命价值的教育。人的生命就是意义生命，人是一种价值实体。意义不是客观存在的，它是经过人主观努力创造的。二是体验生命价值教育。大学生注重自我实现，应积极引导学生认识到自我实现是一个过程，其中那些微小的进步未必会带来权力、金钱、地位等外在价值决定性的改变，但都会给个体带来生命的高峰体验，从而使个体对生命价值的认知发生良好转变，对生命的价值和意义有所领悟。三是引导学生把生命个体价值与社会价值统一起来，体现生命价值的最高形式。人是一切社会关系的总和，是地球村中的一员，将大学生的生命视野引向整个社会、整个人类和宇宙，将生命个体与社会、与他人、与自然结合起来，才是生命价值的最高体现。

4．引导学生建立科学合理的生涯发展目标

生命的意义体现在为自己明确的人生目标不懈奋斗的过程中，平时那些生活态度积极、获得较大价值感和成就感的大学生，是有明确的目标并不断向目标迈进的人。生命意识教育内容之一，就是引导学生确立一个正确的人生目标，并鼓励他们为之努力奋斗，在有价值的活动中体验生命的意义，实现生命的价值。大学生的人生目标既与社会需求相统一，也与个人兴趣、爱好和追求相一致，既有长远、持久的目标，也有短期的实施计划，既包括人生规划，也包括人格完善，是一个身心和谐、持续发展、志存高远的目标。

（二）创新生命道德教育

高等院校生命道德教育在传统道德教育思维方式的长期影响下，教育内容过于理想化、抽象化，教育目标脱离个人客观实际需要和利益，教育过程呆板僵化，互动不够，没有形成完整体系，实效性较差。创新大学生生命道德培养路径应注意把握三个方面内容。

1．加强对"个体"的关注

生命道德教育是重视个体本身的道德教育，需要构建整体性德育体系并调动学生的主体意识和个体意识。传统的道德教育注重弘扬社会或集体的利益，"忘我""无私"的思想受到推崇，其中"忘我"的道德教育更多考虑的是为"他人"的，对个体道德的自主性、生命价值的尊严、自我利益的正当性等没有给予更多关注和应有重视。在现实世界，人既是一个实体，更是一种关系存在，每一个人都存在于与他人的关系之中，他人的存在是每一个人存在的条件，个人的发展只有在与他人的关系中才能实现。大部分人为了自己会做一些有利于利益相关者的事情，这些人当然是在自己所属群体中生活的人，包括自己家人、同学、同事等。此时个人的"私"实际上已经不是单纯"自私"，作为个体的"我"也不再是狭义的"小我"，而是广义的包含其他人利益的"大我"，这种"大我"与单纯"小我"之间直接相关，而不是割裂的、空洞的、排异的。因此，高等院校开展生命道德培育不能只注重为他人、为人类奉献的教育，更应该关注"个体"，个体生命价值、利益在生命道德教育中应同样受到重视。

2. 开展生命叙事活动

所谓生命叙事活动就是指表达自己生命故事的活动。生命故事是指个体在生命存在与成长过程中逐渐形成的对生命的感受、经验、体验和追求，它既包括个体自己的生命经历、生活经验、生命追求，也包括个体对他人生命存在的感受、经验、体验和追求的感悟。生命叙事过程会直接触及个体或个体对他人生命的生活经历、情绪感受、情感表达、生命经验等的认知，并再现这些生命经验，触发生命体验，感悟生命意义，进而有助于大学生对自己生命情绪、情感认知的调节，有助于大学生生命责任感的形成，也有助于大学生正确处理与自己生命的关系。生命故事本身凝结着个人对自己或对他人人生重要经历的理解和经验，生命叙事过程就是将其再次间接呈现出来，在他人讲述的过程中不仅会使自己获得对生命道德关系的新感悟，也会使自己获得一种内在的对自己和他人生命价值与意义的责任感。大学生讲述自己生命故事的过程也是自己对事物、对他人、对自己再认识的过程，从而引领着自己生命成长的方向。

3. 加强生态道德教育

自然环境是各类生命赖以生存的基础，珍惜生态、保护环境是人类发展和进步的需要，高等院校应从三个方面加强大学生生态道德教育。

一是要树立崇尚自然、热爱生态的道德情操。随着人们物质生活水平不断提升，追求原生态的自然美已逐步成为人们的审美追求和社会时尚，回归自然、返璞归真是当前人们价值追求的新特点，因此高等院校应该以此为契机把大学生的审美情趣引导到尊重自然、珍惜生态、保护环境等方面，并使之形成一种校园氛围、校园时尚，内化为大学精神的核心内容，带动每个大学生都养成一种符合生态文明要求的高尚情操。二是要唤起大学生关爱生命、善待生命的道德良知。高等院校应该从自然生态伦理视角出发，引导大学生正确认识自然界一切生命存在的客观必然性，在维持人类一定生存质量的同时敬畏生命，自觉保护身边生命体的基本生存权，维护自然生物链条的完整与和谐。三是要培育大学生崇尚勤俭节约的传统美德。在我国现实的国情条件下，盲目追求高消费会给有限的自然资源造成极大的浪费，所以每一位大学生都应以节俭和适度消费为荣，树立这一美德对于社会经济发展和生态环境保护都有着重要的现实意义。

二、凸显大爱精神对校园文化的引领

高等院校大爱精神是高等院校师生在生活中表现出来的对自己、对他人、对国家和民族前途与命运的自觉关注、高度负责和无私奉献的精神，是高等院校文化的核心与本质内涵，是指导高等院校各种办学活动的核心精神，是大学生成长的动力和发展的精神源泉，是大学生感受人间大爱，提升领悟社会支持的巨大财富，是大学生培养积极向上品质的最好资源。

（一）在课堂教学中培养大爱精神

课堂是高等院校践行大爱精神的主要阵地之一，在课堂教学中，教师不仅要重视科学文化知识的传授，更要把爱国家、爱民族、爱他人、爱自己、无私奉献、勇于担当的精神和意识融入课堂教学全过程，把大爱精神的精髓与教师的人格魅力和科学知识的吸引力有机结合，潜移默化地影响学生，让每一个学生真正认同大爱的精髓，领会大爱的真谛。

（二）在学术活动中培养大爱精神

学术活动是更高层次的实践活动，在大学校园，科学研究工作有着自己特殊的规律，求真、务实、创新是开展科学研究活动的基本要求。在科学研究中形成的追求真理、宽广包容的精神就属于尊重真理、热爱科学的大爱精神，这种大爱精神会深深感染着参与科研学术活动的人，潜移默化地培育着每一个参与者的大爱意识。因此，在学术活动中培育大爱精神，就是要遵循科学研究发展的规律，崇尚严谨、求真、务实、创新的学术精神，要关爱从事科学研究活动的群体，为从事科学研究活动的人创造宽广、包容的学术环境。在科学研究工作中展现出来的追求真理、宽广包容的精神既是爱真理、爱科学、爱师生的高等院校大爱精神在学术研究中的体现，也是高等院校学术创新活动得以顺利开展的必备要素，对培养大学生创新能力和创新精神有重要作用。

（三）将大爱精神融入制度文化建设

高等院校应把大爱的理念融入校园制度建设之中，积极推动"人性化"的管理模式，通过引导师生广泛参与民主管理来推进学校管理科学化。将大爱精神融入校园制度文化建设中，就是把大爱精神与校园各项规章制度有机结合起来，使制度中饱含学校对教师和学生的关爱与尊重，通过制度的人性化功能调节人与人之间的利益，规范每个人的行为，通过制度强化学生自我教育、自我管理的意识，促使师生主动将个人成就、切身利益与学校的发展紧密联系在一起，形成师生与学校互信互爱的氛围。

（四）将大爱精神融入高等院校教师行为文化建设

当前，高等院校行为文化建设的重点应该放在规范教师的行为上来，切实开展师德师风建设。高等院校要积极引导广大教师做党和人民满意的、放心的合格教师，做有社会主义理想信念、高尚道德情操、学识渊博和仁爱之心的好教师，要进一步加强和改进教师的思想道德建设，培养和造就一支思想品德高尚、业务技术精湛、充满生机活力的高素质教师队伍，这对高等院校师资队伍建设提出了更高要求。因此，高等院校应着力塑造教师严谨、努力、乐于奉献的行为品质，让大爱精神体现在每一位高等院校教师的举手投足之间，使每一位教师都能为人师表，成为学生敬佩的力量，默默地感染和熏陶着自己的学生，对他们的思想和行为带来积极影响。

（五）将大爱精神融入高等院校环境文化建设

高品位的环境文化不但能够加深广大师生对人生美好事物的感悟，对环境中"美"和"爱"的理解与认同，而且还有助于促进大爱精神在校园的传承与发展。因此，高等院校在进行校园硬件建设中，要将大爱的元素和自身办学特色体现其中，用校园环境特有的感染力激发师生的爱校热情，陶冶师生爱自然、爱学校、爱他人、爱科学的良好情操。例如，有的高等院校在图书馆内饰设计上，刻凿隐喻科技发展促进人类进步的浅浮雕；有的高等院校将大门设计成仿古风格，不仅表现出了浓郁的民族特色，还完美地继承了民族的、学校的良好历史文化传统。这些都是校园建设中融入大爱精神的生动体现。

三、注重理论研究对教育管理创新的推动

针对大学生心理问题现状存在的问题，高等院校应重点开展积极心理教育研究和生涯管理理论研究工作，促进高等院校心理教育和生涯管理工作水平进一步提升。

（一）开展积极心理教育研究

近年来，我国部分学者将积极心理学理论扩展、整合至高等院校思想政治教育、心理健康教育等实践性较强的领域，促进了高等院校积极心理教育的理论研究和实践探索。例如，有学者探讨了积极心理学在大学生思想政治教育中的整合、借鉴与应用；有学者分析了积极心理学与高等院校心理健康教育相结合的必要性，提出了二者相结合的具体设想与方法。

　　然而，当前高等院校积极心理教育中针对大学生心理问题的理论研究和实践探索方面都比较薄弱，还有许多有待进一步完善和解决的问题以及需要探索和弥补的空缺。其中有两点需要注意：一是高等教育领域尚未形成一套成熟的、可以指导高等院校积极心理教育的理论体系，高等院校关于积极心理教育还没有建立一套行之有效的操作模式，研究方法和研究技术亟待整合与发展，研究的内容和领域有待拓展和深化；二是建立在中国文化背景下的本土化研究还有待加强。因此，我国高等院校积极心理教育研究还任重道远，建立完整有效的理论框架，拓宽研究领域，创立和发展新的研究技术，与传统心理教育协调发展以及积极心理教育在高等教育领域的本土化研究等，都将是高等院校积极心理教育研究面临的紧迫任务。

（二）加快大学生生涯理论和生涯辅导技术本土化创新

　　目前我国开展大学生生涯辅导主要依据国外生涯发展理论和生涯辅导技术，国外的生涯辅导理论和辅导技术为我国高等院校开展生涯辅导工作提供了有益的启示与借鉴。然而，如何将国外的理论和技术更好地应用于中国高等院校的生涯管理，并在其基础之上研究开发中国本土化的生涯发展理论和技术，是高等院校生涯发展理论和技术应用研究的重要内容。

　　国外理论应用要实现中外价值取向的有机结合。由于受到历史、传统文化等因素的影响，中外价值取向的差异深深地影响着人们的思维方式和心理行为。从价值取向来看，一些国家个人的价值和意义被放在首要位置，即个人主义倾向占主导，而在中国传统文化里，集体的价值和意义被放在首要位置，提倡个人服从集体，集体主义始终是价值观念的核心。但在高等院校生涯管理工作中一味强调集体和整体，忽视个体的成长发展需要，忽视个体个性的适度发展，就会压制学生的主动性和创新意识，高等院校生涯管理的实际效果将大打折扣，也背离当前高等教育改革方向。而完全引进国外的理论体系，又会造成水土不服，引发学生价值观混乱，使这些理论难以在实际中得到应用和发挥，背离人才培养目标和方向。因此，在国外生涯发展理论和技术的应用中实现中外价值取向的有机结合，是当前生涯发展理论和技术本土化研究的主要方向。

开发本土化大学生职业生涯测评系统。科学、客观的自我评估是实施有效职业生涯规划的前提和基础，本土化的专业职业测评更适合中国人的文化和心理特点，有利于大学生更加科学、客观地认识自己。开发本土化、专业化的职业测评系统主要有两项工作：一是要培训和配备专业的人员，以保证测评过程的规范性和结果分析的科学性；二是开发科学的、完善的测评工具，保证测评结果的真实性和可信度。本土化职业生涯测评工具的开发是本土化大学生职业生涯测评系统建设的重点和难点，需要结合我国大学生自身心理特点和我国社会职业环境特征，同时注重实践性、专业性和经济性相结合。

第三节　拓展大学生教育管理途径

面对大学生心理健康发展的要求，高等院校应该进一步拓展大学生教育管理途径，从培养大学生积极心理品质、培养大学生生涯规划能力以及构建来自家庭和同龄人的人际支持机制等方面，为大学生心理健康发展创设良好条件。

一、开展积极心理教育

当前我国多数高等院校心理教育的重点放在了普及心理健康知识、解决学生心理问题和预防学生心理危机发生方面，心理辅导和咨询工作也把消除部分学生的心理障碍和预防心理问题发生提升到主要地位，却忽视了心理教育开发人的潜能和培养个体积极心理品质的重要任务，关注的对象仅是少数有心理问题的人。因此高等院校应该大力开展积极心理教育，促进大学生积极心理品质的培养和潜能的开发。

（一）构建积极心理教育课程体系

高等院校心理教育课程应以积极心理学为指导，在课程目标、课程内容、教学方法、教学效果评价等方面进行改革。

课程目标应突出个体发展性。心理教育课程目标应由重点解决部分学生面临的问题，走向关注全体学生积极人格的发展。根据积极心理学理论，心理教育的对象是全体学生，课程目标设定应包含心理问题预防、不良心理行为矫正和积极人格品质培育，重点是突出心理教育的发展性功能，要强调如何进一步优化学生心理品质和进一步开发心理潜能，培养学生的积极心理品质、积极情绪体验、积极自我概念、创造性思维品质等，具体包括培养和提升创造性、洞察力、积极情绪、情绪控制能力等各种智力潜能和非智力潜能。

课程内容应与个体发展需求相结合。当前高等院校心理教育课程内容多以大学生常见的心理问题与疾病预防为出发点，以心理问题的症状、成因以及相应的预防和调适技巧为主，具体讲授心理学基本知识、个体心理活动规律、心理问题产生的原因及应对措施等，课程学科化、知识化倾向严重，与学生的实际需求和关注点差距较大，特别是与学生心理健康发展需求相距甚远。积极心理学视野下的心理教育应紧密与学生全面自由发展需求相结合，与学生的积极人格养成相结合，将心理学理论与生活实际相衔接，培育和开发大学生个体和群体的积极品质，最终达到促进大学生个体和群体心理优势形成和提升的目的。我国学者在综合考虑时间因素（过去的、现在的、未来的）、行为类型（生活的、学习的、工作的、社交的）、关系指向（对人的、对事的、对己的）基础上，将十四项内容优先列为学校积极心理教育的核心内容，包括增强主观幸福感，提高生活满意度，开发心理潜能，发挥智能优势，改善学习能力，提升自我效能，增加沉浸体验，培养创新能力，优化情绪智力，和谐人际关系，学会积极应对，充满乐观希望，树立自尊自信，完善积极人格。

教学方法应多样化。积极心理学非常重视体验在教育中的作用，认为积极人格形成的最佳途径就是让受教育者在教育和生活中体验积极的情绪情感、认知感悟等心理活动。因此，高等院校心理教育课程中要增加各种体验环节，引领学生体验过去的、现在的积极情绪情感和认知感悟，领悟未来的美好设计和憧憬，通过体验与领悟过程培养和提升学生内在的积极力量，激发学生的积极性和创造性，进而促进学生积极人格特质的形成和发展。高等院校心理教育课程应注重理论与实际相联系，强调集知识、体验和训练为一体的教学方法，在教学中要注重将知识讲授、行为训练、心理体验等过程有机结合，根据教学内容灵活采用知识讲授、团体训练、案例分析、生命叙事、心理情景剧、团体辅导等教学形式，丰富学生内心体验过程，让学生在体验中学习、感悟，使其掌握心理调适与激发潜能的技能。除课堂教学外，高等院校还应该将心理教育拓展到日常生活中，生活中对积极事件的体验与感悟，更能增加学生的积极情感认知和沉浸体验效果，更有利于学生积极心理品质的形成与发展。

教学效果评价应多元化。人的心理品质是一个内隐的、抽象的、个性的概念，无法用具体标准来衡量。同样，心理教育课程的教学效果也具有内隐性、抽象性、个别性特征，很难用一个具体的、统一的评估体系进行效果评价。因此，积极心理教育课程效果评价应坚持注重发展性和过程性，采用多元、动态的评估方式。评估内容要包括基本知识理解掌握情况、学生积极心理品质形成和发展情况以及实际解决问题的能力提升情况。教学效果评价要突出强调课程效果对受教育者整体性发展的促进情况，重视评价的动态性、情境性，最终实现通过评价能够全面、客观地反映学生积极心理品质提升情况和心理潜能开发或激发情况。

（二）开展发展性心理辅导

考虑到大学生心理健康发展需求和影响因素，高等院校的心理辅导也应该改变目前以障碍性心理辅导和适应性心理辅导为主的模式，重点开展发展性心理辅导。发展性心理辅导是指根据个体心理发展的一般规律和特点，结合个体的个性心理特征，帮助和支持个体尽可能圆满完成各自的心理成长历程，使个体能更好地认识自我、接纳自我、调节自我，完善积极人格品质，开发自身潜能。发展性心理辅导的主要任务是对个体的自我意识、情绪调适、意志品质、人际交往与沟通以及群体协作技能进行辅导，培养良好的个性心理品质，提升社会适应能力。

在大学生个体的成长发展过程中，其积极人格特质的形成与发展主要是通过内部和外部因素对其所具有的各种现实能力和潜在能力的激发和强化来实现的。当大学生本身具有的某种现实能力或潜在能力在学习和生活过程中不断被激发和强化，逐渐成为一种日常行为习惯时，由这些能力和潜能构成的积极人格特质也就形成或者得到了发展。因此，高等院校心理辅导应在积极心理教育理论的引导下，结合每个被辅导学生的实际情况，激发和强化学生的某些现实能力和潜在能力，或者帮助和支持学生自我激发和强化某些现实能力和潜在能力，达到促进其积极心理品质形成和发展的目的。在心理辅导中引导学生进行积极情绪和情感体验是帮助和支持学生自我激发和强化的主要途径。

二、加强高等院校生涯管理工作

大学生心理健康与大学生生涯规划能力有着密切关系，二者互相影响、互相促进。高等院校生涯管理工作还须进一步加强，大学生的生涯规划能力有待进一步提升。面对大学生心理健康发展的需要，高等院校生涯管理工作不仅要确立正确的工作指导思想和原则，还要创新和拓展生涯管理的途径。

（一）确立正确的工作指导思想

综观当代社会人力资源需求趋向，高等院校生涯管理的实质就是对学生能力的培养和训练，主要任务和核心目标是培养和提升大学生的生涯规划能力。强化高等院校生涯管理工作，就要积极吸取中国传统文化精髓，充分体现马克思主义关于人的全面发展的观点，树立全程化、全方位开展生涯管理的思想。因此，构建高等院校生涯管理体系要坚持四个原则。

坚持学习借鉴国外先进理念与吸取我国传统文化中的朴素思想相结合的原则。国外生涯发展理论引入我国已有多年，学者们在本土化研究方面确实取得了一些成绩，但是面对当前经济结构调整的特殊时期和大学生就业的复杂形势，已经取得的成果在解决大学生生涯发展问题中的效果不尽如人意，如何建立中国的生涯管理教育体系再次引起人们的深思。因此，只有将学习借鉴国外先进理念与吸取我国传统文化中的朴素思想相结合，才能构建本土化的高等院校生涯管理理论，开展适合中国大学生的生涯管理工作，其主要体现在五个方面：一是德为才之先，在生涯规划与管理上，大学生的"成人"首先是道德品质成人，精神信仰成人；二是在大学生个人生涯规划中要体现出人与环境和谐统一的思想；三是引导学生在生涯规划过程中坚持把个体价值的实现与社会价值的实现相结合；四是引导学生辩证看待失利，使其认识到人生不能总想站在最高峰，要知退让，懂权变；五是将生涯管理与人生观和价值观教育结合起来，发挥传统教育作用。

　　坚持社会需要与个人发展相统一的原则。高等教育具有社会服务功能与个体发展功能，应把满足社会的需要与满足个体发展的需要有机结合起来。社会服务功能主要包括服务和服从于国家社会主义建设中经济发展的需要、民主政治建设的需要和文化发展的需要等，个体发展功能主要包括个人成长的需要、个人职业发展的需要等。高等教育具有的这些功能是客观存在的，但人们对其价值的判断则会因为客观条件和主观认识的不同而存在差异，例如，一些高等院校曾经一度将生涯管理简单理解为辅导学生如何找一份理想工作，教育学生如何为社会服务等，导致学校生涯管理工作功利主义思想泛滥，忽视受教育者个性化发展。所以我们要从过去的错误中吸取教训，在生涯管理中引导学生将个体发展与国家和社会发展需求相结合，既要关照个体个性化发展，又要发挥社会主流价值观在生涯管理中的导向作用，要避免学生过度关注当下利益。在高等院校生涯管理活动中只有把社会需要与个人发展相统一，实现组织与个人双赢，才能保证生涯教育效果。

坚持全程与阶段、全面与重点相结合的原则。高等院校生涯管理的内容十分广泛，其关注的是大学生在校期间和毕业以后个人所拥有的所有职位和角色。因此，高等院校生涯管理是贯穿大学生培养教育全过程的系统辅导体系，必须从其成长发展的客观规律出发，根据其不同阶段心理活动特征和生涯发展特点，制定出相应的辅导目标，开展相应的辅导工作，循循善诱、循序渐进地引导和帮助大学生管理和规划自己的大学生涯。在高等院校生涯管理工作中高等院校既要制定针对每个群体的全程辅导目标，又要设计他们在校期间每个阶段的目标；既要广泛开展涉及生涯发展各方面的生涯辅导，又要针对不同阶段的需要开展重点辅导。高等院校只有坚持全程与阶段、全面与重点结合的原则开展工作，才能够真正实现生涯管理目标。

坚持整体辅导与个别指导相结合的原则。大学生生涯发展既有群体共性问题也存在个体个性差异，因此，高等院校生涯管理既要有针对共性问题的辅导，又要有针对群体或个体差异的分类或个别的指导。在具体实施过程中，对于大学生群体普遍存在的生涯发展问题适宜整体辅导，如采取课堂讲授、专题讲座、主题班会等形式；对于大学生个体具体生涯发展问题，除进行集体辅导外，还应该重视个体辅导工作，尊重个体差异。个别辅导应该做到具体分析个体的个性特点，有针对性地进行研究和辅导，指导学生发展显能，开发潜能，引导学生发现自己的最佳发展领域，使每一个学生都能在擅长的领域得到最优发展。

（二）拓展高等院校生涯管理实施的途径

生涯管理实施途径和工作方式过于单一是造成当前我国高等院校生涯教育收效甚微的主要原因之一。因此，高等院校需要通过建立生涯发展课程体系、校园文化建设、专门指导和咨询服务、开发校友资源等多种途径开展生涯教育，发挥综合作用，以达到最佳效果。

1. 生涯发展规划指导课程

开设大学生生涯发展规划指导课程的目的是指导大学生学习生涯规划知识与技能，引导大学生明确自身未来生涯发展方向，帮助大学生设计与规划人生发展道路。当前我国大学生生涯发展规划指导课程的主要任务有五个方面。

第一，正确认识自我的教育。高等院校生涯发展规划指导课程主要介绍自我探索的理论与方法，引导学生深入了解自己的能力及能力倾向、兴趣、个性特点等情况，客观分析、认知自身人生价值取向、职业价值观、生涯发展方向等。学生自我认知与学校、教师、同学等的外在评价相结合的方式，可以帮助大学生客观、全面地认识自己。学生开展生涯探索的基础来自其对自我状况和个人价值观的深入了解，因此，自我认知教育是生涯发展规划指导课程的基础内容。

第二，生涯规划意识培养和生涯规划知识教育。大学生是生涯规划的主体，其生涯规划意识是他们进行生涯规划的前提，只有充分调动其内在规划需要才有可能产生自我规划的动机。因此，高等院校生涯管理的首要任务是培养大学生的生涯规划意识。生涯规划知识教育主要是让学生了解生涯规划的基本理论、知识，了解各种职业的基本特征和发展趋势，使学生掌握生涯规划内涵、特性、遵循原则和影响因素，掌握开展生涯规划的基本步骤与方法，为探索科学的生涯发展途径奠定理论基础。

第三，生涯抉择能力的培养。大学生生涯抉择能力在整个大学生生涯规划中起到承上启下的作用，是高等院校生涯发展规划指导课程关注的重要内容。生涯发展规划指导课程要指导学生了解生活中各种可能面临的选择，面对决策情境能收集、运用已有资料，权衡各种选择之间的利弊进行生涯抉择，包括职业类别、生涯路线、目标、行动措施等抉择。

第四，职业环境的认知教育及职业素质与适应力的培养。生涯发展规划指导课程要引导和帮助大学生尽可能全面、深入地了解当前的社会环境与职业世界，使其熟悉所学专业涉及职业的发展环境，尤其是未来该职业的胜任能力要求、组织发展战略以及经济、政治、文化环境等，使其在知己知彼的基础上，增强规划的针对性和有效性。生涯发展规划指导课程还要进行职业劳动素质、职业道德、身心素质等职业素质的培养，使大学生既志存高远又夯实基础，具备良好的职业适应能力。

第五，培养大学生开发自身潜能的能力。开发潜能意识的教育与培训是高等院校生涯发展规划指导课程的重要内容。有心理学家指出，多数人一生只有4％的能力发挥出来，剩余96％的能力还未开发。因此，在生涯发展规划指导课程讲授中教师要给予每个学生充分展示的机会，通过施展才能，使其认识到自身具有的巨大潜能，这种潜能存在于各种活动中，潜能的开发对人的成功具有很大作用，一定程度上决定着生涯目标的实现。同时，教师还要培养学生在生涯发展过程中发现并发掘个人潜能的能力，使学生能够自觉开发自身潜能。

2. 校园文化活动

高等院校校园文化活动的内容十分广泛，它通过内容丰富、形式多样的活动对大学生价值观念、道德情操、思想内涵和行为模式的形成与发展发挥着重要的影响。因此，开展丰富多彩的校园文化活动，是高等院校实施生涯辅导和影响的重要途径。就生涯管理来看，开展校园文化活动的形式主要有班会活动、社团活动和社会实践活动。

第一，班会活动。班会活动是大学校园文化活动的基本方式，也是大学生自我教育的重要阵地，它不仅具有教育功能，还具有娱乐等功能。班会活动是大学生创新活动的乐园，主要包括模拟表演、分组竞赛、相互咨询、专题报告、节日纪念、现场体验、经验交流、专题辩论、总结归纳等形式，它能够吸引广大学生积极参与，调动学生的积极性和创新性。例如，体验式情境培训已经成为班级生涯指导的一种创新形式，受到大学生的欢迎。体验式情境培训是近年来一些高等院校主题班会开展生涯指导的创新形式，是大学生通过设计职业生涯活动模型和模拟职业活动获得新的知识、工作技能、工作态度的方法。教育心理学相关研究表明，体验式情境培训给学生带来的知识掌握程度要远远超过传统意义上的教学活动。体验式情境培训包括情景活动、角色扮演等方面，让学生能通过亲身体验在较短时间内获得最多的经验。

第二，社团活动。学生社团是自发的有特定活动内容的学生组织，它们自我管理、自我服务，受学校团组织的统一监管。高等院校社团活动是参与人数最多、活动范围最广、内容最丰富的学生校园活动，有效地丰富了大学生活，深受广大学生的青睐，已成为大学生展示自己才华的重要载体和校园文化的主力军。高等院校应将生涯辅导的有关因素有机融入学生社团活动，通过营造生涯发展氛围，发挥社团活动在大学生生涯教育中的载体作用。社团活动对大学生的全面发展有多方面的意义，综合来看主要有三点：其一，学生可在社团学到人际关系技巧与领导技巧，并有机会展露自己的才能，这些有助于其日后的职业生涯发展；其二，参与各种活动与人际交往有助于学生了解自己、确立志向、实现自我发展；其三，参与各种有趣的活动可使学生得到情绪的释放与满足。通过社团活动这种无压力的形式来进行生涯教育，无疑会让学生感觉更为从容自如。研究表明，参与社团时投入越多、贡献越大的学生，其学习和成长收获越丰厚。因此，高等院校应鼓励大学生积极参加学生社团，以提升自身发展能力。

第三，社会实践活动。社会实践活动有利于培养和提高大学生实践能力和职业技能。大学生在社会实践活动中既磨炼了意志，锻炼了能力，了解了社会，又能对所学专业应用前景以及与理想职业匹配情况有一个感性认识，促进其积极构建与理想职业需求相符的能力结构、知识结构。在实践活动过程中，大学生既可以体验和感悟职业岗位需求变化对职业能力的影响，从而根据变化适时调整职业生涯发展计划和职业生涯目标，还能够了解当下人才市场对基本职业能力和基本职业素质的要求，明确努力方向，增强行业关注度和敏感度。因此，要充分利用各种资源搭建实践锻炼平台，为大学生创造更多接触社会、了解社会、锻炼能力的机会，如开展大学生志愿者活动、"三下乡"活动、社区咨询服务活动等有明确目标的社会服务性实践活动。

3. 开展生涯规划咨询

高等院校生涯咨询是高等院校为了满足大学生生涯发展需要组织开

展的一种由专业人员参与的咨询指导服务，目的是帮助学生提高自我认知能力和自助能力，指导学生求职，帮助学生做出生涯决策，最终促进学生的职业成功与生涯发展。

第一，建立咨询室，开通咨询热线。建立生涯规划咨询室，开通生涯咨询热线，为学生提供生涯规划辅导服务是高等院校生涯管理的工作形式之一。高等院校的生涯规划咨询应包含生涯发展咨询和心理咨询，并由经验丰富的专业咨询人员从事这项工作。生涯发展咨询则以发展心理学、成功心理学、人力资源管理学为理论基础，开展生涯发展与规划的咨询服务。生涯发展咨询的形式主要有面对面个别咨询、团体咨询和电话咨询。

第二，建立生涯资料袋。通过为学生建立生涯资料袋，为其生涯规划和发展提供帮助与指导，是高等院校生涯管理工作的基本任务之一。其主要是利用人格测验、能力测验、职业兴趣测验等专业测量工具定期为大学生开展测量服务，帮助大学生进一步了解自己的职业兴趣、能力倾向、个性特征、社会态度等个性特点，并整理这些信息资料，建立个人生涯资料袋，为将来学生了解自己和指导教师研究指导学生做参考。高等院校一般在大一和大三分两次定期开展专业心理测试，第一次心理测验是为了了解学生基本状况，第二次心理测验是为学生职业选择提供参考。学生在校期间，其生涯资料袋应不断丰富，高等院校应将学生参与职业辅导、参加职业活动以及能够反映个体职业心理发展特征的资料都保留下来，以便为将来学生进行职业选择提供依据。

4. 开发校友资源

校友是学校的一笔宝贵财富，他们不仅传承着学校的历史文化，更有着丰富的社会阅历、生涯发展经验和优秀的社会资源。邀请事业、学业有成的校友与学生交流，为同学们传授经验，能够发挥其榜样和示范作用，激发学生的探索欲望和创新意识，有利于引导学生积极主动借鉴校友的成功经验，科学合理规划职业定位，纠偏避误，扬长避短，更好地适应社会发展需求。

三、构建积极人际支持机制

从调查数据看，在对大学生心理健康具有重要影响作用的因素中，人际支持因素排在第一位，来自家庭的、同学的和知心朋友的信任、帮助、理解、关心等对于大学生心理健康的影响最为明显。因此，在大学生教育管理过程中积极构建来自家庭和同龄人的人际支持机制就显得非常重要。

（一）建立促进家庭支持的沟通机制

对大学生心理健康影响因素调查分析显示，"从家庭成员中得到理解、支持和帮助"一项影响力得分最高，这说明来自家庭的影响和支持对大学生心理健康发展有着重要影响。许多学者的研究也表明，来自父母的理解与支持对于大学生人际信任、乐观品质、韧性品质、主观幸福感等都有显著影响。家庭是大学生十几年以来成长生活的地方，大学生与家庭成员有着深厚的感情和不可替代的信任感，大学生无论是经济上还是心理上都与家庭保持着密切联系，在大学生心理健康发展中家庭应该发挥其必不可少的作用，因此，高等院校应积极促进学生家庭成员对大学生的理解和支持，这也是大学生心理健康教育不可或缺的重要举措。

通过适当方式让家庭成员了解学校和学生。在信息技术发达的今天，距离已经不再成为沟通的障碍，学校可以通过学院网站专栏、QQ群、微信等方式，与学生家庭建立联系通道，定期把学生所在学院或专业的教学、科研、学生工作等进展情况，学生积极参与上述工作取得业绩情况以及学科发展情况和专业的社会需求情况传递给学生家庭，让家庭成员了解学生的学习生活状况，了解学生未来职业发展情况以及学生将会面临的各种挑战等，增强家庭成员对大学校园生活和未来发展的全面了解，促进家庭成员对学生的理解、关怀与支持。

定期开展不同形式的家长论坛。大学生来自五湖四海，学生家长的受教育程度、生活经历、认识问题的角度、子女教养方式等都存在着很大差别，他们对高等教育认识和了解程度差异很大，对大学生的成长与发展的关注程度和层次差异也很大，面对这样一种现状，学校与家庭之间如果只有单向的信息交流，收效不会显著。学校还必须通过多种途径和多种形式与学生家庭成员进行交流互动，一方面调动家庭成员关注学校教育、关注学生成长的主动性；另一方面，深入了解学生与家庭成员的沟通联系状况，引导家庭成员给予大学生更多的理解、支持和帮助。具体途径和方式包括举行网上视频论坛、召开家长见面会，利用寒暑假进行家庭走访等。

开展针对家长的专项教育咨询服务。由于不同学生家庭成员的整体素质水平不同、经历不同、家庭情况不同，学生与家庭成员的沟通情况也不尽相同，得到家庭成员的理解、支持和帮助的程度也会不相同。学生遇到问题可以到学校的专门咨询机构来寻求帮助，但是单项解决问题的效果会大打折扣。因此，学校要开展家长专项咨询服务，由专门的工作人员和辅导员或学生任课教师来参与服务，为那些与学生交流出现问题的家长提供帮助，帮助其与学生重建较好的沟通，达到互相理解，使学生能够感受到来自家庭的温暖。

（二）引导学生群体开展互助活动

大学生群体年龄相仿、生理与心理发展特征相近，在学校朝夕相处，相互之间沟通和帮助便利，也更容易相互接受和理解，因此引导学生开展互助活动，有利于大学生获得人际支持，增强自信心，促进自我接纳。同学之间的互助主要包括学习与生活方面的互助和心理互助。

指导学生组织开展面向广大学生的志愿服务。目前，高等院校学生群体中的学生组织（这里指正式组织）主要有党组织、团组织、学生会、班委会以及各种社团，这些学生组织在配合学校管理、丰富校园文化生活以及开展社会志愿服务方面发挥着积极作用。但是这些志愿服务的内容主要是对社会弱势群体的帮困活动，对本校内同学之间开展的志愿服务活动普遍关注较少。因此，学校应该积极引导校内的学生组织在同学之间开展志愿服务活动，同学之间的志愿服务活动有别于针对社会开展的志愿服务活动，体现为一种群体内的互助，主要包括四个方面：一是在生活适应方面的帮助，主要体现为对各种生活不适应同学的帮助；二是在学习方面的帮助，主要体现为对那些专业学习有困难学生的帮助；三是家庭生活方面的帮助，主要体现为对家庭有后顾之忧或者是经济困难学生的帮助；四是职业发展方面的帮助，主要体现为对那些自我规划能力不足、择业与就业困难学生的帮助。

组织开展学生心理互助活动。学校组织大学生开展心理互助活动主要可以通过"隐蔽式"心理互助和朋辈心理互助的方式开展。"隐蔽式"的心理互助活动主要是通过学生之间匿名沟通的方式，告诉别人自己在心理上存在的某些障碍，以获得大家共同帮助的方式。"隐蔽式"的心理互助活动可通过如下步骤来实现：第一步，学生以匿名的方式写下自己心理上的困惑和烦恼，由年级或者是班级几位同学进行收集和整理，这种方式可以消除学生对隐私泄露的担忧和顾虑；第二步，将收集整理的咨询信件以随机分发方式再发给每一位参与者，这样每位参与者都可以收到一封他人的咨询信，根据咨询信上的困惑，按照自己的理解写下自己的建议；第三步，将同学们写好建议之后的信根据每位同学对应的代号反馈给每一位同学；第四步，对反馈回来的各种建议进行归纳总结，提炼出比较典型的案例，然后组织小组讨论这些案例，以提高每位参与者对这些问题的认识和把握。朋辈心理互助是指同龄人之间进行的心理辅导。具体做法是学校面向学生群体招募朋辈辅导员，学生自愿报名参加，对招募进来的符合基本要求的志愿者进行系统专业培训，经考核合格后，这些志愿者根据自己所掌握的专业知识为需要帮助的学生提供一些专业性的建议或指导，使受助者开阔思维、缓解压力，从而摆脱心理困境。

参考文献

[1]白芳.学生本位视角下大学生教育管理与实践探索[M].北京:中国水利水电出版社,2019.

[2]陈志文.大学生教育管理中情感激励的应用研究[J].科教导刊(电子版),2021(9):77－78.

[3]丁丽,孙维熔.互联网背景下大学生教育管理模式探究[J].新课程教学(电子版),2021(21):181－182.

[4]丁志明.浅析柔性管理理念下的大学生教育管理[J].大学(研究与管理),2022(5):48－51.

[5]奉中华,张巍,仲心.大学生教育管理的创新与实践研究[M].长春:吉林人民出版社,2021.

[6]葛志玮.新媒体背景下大学生教育管理探析[J].智库时代,2021(5):99－100.

[7]龚宪芳.柔性管理理念在大学生教育管理中的运用[J].西部学刊,2023(10):122－125.

[8]郭彦懿,赵昊,付丹丹.大学生教育管理案例分析[M].北京:北京理工大学出版社,2012.

[9]侯文军.论大学生教育管理方式的转变[J].江苏高教,2019(9):107－110.

[10]胡莹.大数据与大学生教育管理创新研究[J].创新创业理论研究与实践,2020(10):163－164.

[11]姜占峰."以人为本"理念下的大学生教育管理创新分析[J].中国航班,2023(7):243－246.

[12]矫东海,钟诚.大数据背景下大学生教育管理创新的思考[J].教育现代化,2020(26):107－109.

[13]李丹花."互联网＋"时代大学生教育管理工作的创新路径[J].教育信息化论坛,2021(2):63-64.

[14]李明升.新形势下高校大学生教育管理实效性的提升[J].创新创业理论研究与实践,2023(5):79-81.

[15]李晓敏,栗晓亮.大学生心理健康调适及其教育管理研究[M].北京:中国纺织出版社,2022.

[16]刘苗,赵其勉,杨蓓.大数据时代高校学生教育管理工作的创新研究[M].吉林出版集团股份有限公司,2022.

[17]刘姝利.大学生教育管理中学生会管理制度研究[J].黑龙江科学,2020(3):130-131,135.

[18]罗永飞.基于"宠溺"的大学生教育管理问题探讨[J].黑龙江科学,2021(19):148-149.

[19]马洪奎,张书玉,薛莉华.探索与实践:大学生思想政治教育与管理工作研究[M].成都:西南交通大学出版社,2017.

[20]欧旭理,罗方禄.大学生教育管理中的心理效应[M].长沙:中南大学出版社,2021.

[21]邵帅.新生代大学生的心理行为特点及教育管理对策研究[M].北京:北京工业大学出版社,2019.

[22]石兆俊.大学生教育管理案例集[M].兰州:甘肃人民出版社,2013.

[23]王炳堃.高校大学生管理教育与校园文化建设[M].吉林出版集团股份有限公司,2021.

[24]王璨,苗文婷.新媒体环境下大学生教育管理工作的创新研究——评《新媒体视域下大学生教育管理研究》[J].科技管理研究,2022(1):232.

[25]王聪.新时代下的大学生教育管理研究[J].读天下,2020(6):136.

[26]王海波,马燕."互联网＋"时代大学生教育管理工作创新路径探析[J].齐鲁师范学院学报,2020(3):59-63.

[27]王慧芬.大学生心理健康教育管理与实践[M].北京:中国商务出版社,2023.

[28]王蕾.大学生教育管理中人文关怀的科学内涵研究[J].淮南职业技术学院学报,2023(2):91—93.

[29]王亚炜,陈旭.探究双创背景下大学生教育管理制度[J].山西青年,2021(15):171—172.

[30]王艳.高等教育管理与大学生心理健康教育[M].成都:电子科技大学出版社,2017.

[31]卫茹静.大学生入门教育与职业生涯规划旅游管理类[M].上海:上海交通大学出版社,2012.

[32]魏宁生.新时期背景下大学生教育管理探微[J].新教育时代电子杂志(教师版),2021(16):220.

[33]吴定丙.新媒体时代大学生教育与管理对策探究[J].北京印刷学院学报,2021(8):125—127.

[34]徐海鹰,郭莉,黄娟.当代大学生教育与管理[M].哈尔滨:哈尔滨工业大学出版社,2018.

[35]张健.新时代背景下大学生教育管理路径探析[J].智库时代,2020(36):76.

[36]张文晶.00后大学生教育管理研究[J].时代人物,2019(25):98—99.

[37]张子君.团体辅导在大学生教育管理中的应用探究[J].学周刊,2021(21):3—4.